La Santa Cruz de Caravaca

(Tesoro de Oraciones)

DE SUMA VIRTUD Y EFICACIA PARA
CURAR TODA CLASE DE DOLENCIAS,
ASI COMO TAMBIEN UN SINNUMERO
DE PRACTICAS PARA LIBERARSE
DE HECHIZOS Y ENCANTAMIENTOS,
CON BENDICIONES
Y EXORCISMOS, ETCETERA.

D. R. © Editores Mexicanos Unidos, S. A.
Luis González Obregón 5-B, Col. Centro,
Cuauhtémoc, 06020, D. F.
Tels. 55 21 88 70 al 74
Fax: 55 12 85 16

editmusa@prodigy.net.mx

www.editmusa.com.mx

Miembro de la Cámara Nacional
de la Industria Editorial. Reg. Núm. 115.

1a edición Junio 1998
5a reimpresión Febrero 2008

ISBN 978-968-15-1030-5

Impreso en México
Printed in Mexico

SIC NOMEN DOMINI
BENEDICTUM

Los Sres. Emmos. Cardenales, Arzobispos y Obispos de España, han concedido 3,600 días de indulgencias a los devotos que recen con devoción, delante de la estampa, que precede, un Credo y un Acto de contricción.
Es abogada contra rayos, centellas y tempestades.

COPLAS

De esta Cruz soberana
oigan, señores,
milagros y prodigios
con mil primores;
pues son tan grandes,
que no hay pluma que pueda
bien numerarles.

De los cielos bajaron
con alegría
los Angeles en coros,
a conducirla;
y pues son tantos
los milagros que obra,
que su encanto.

Hombrres, niños y mujeres
llevan consigo
la Cruz que fue bajada
del cielo Empíreo,
para consuelo; líbranos de las garras
del Dragón fiero.

Una mujer afligida
se vea en el parto,
ponga sobre su vientre
ese retrato:
con facilidad
esta Cruz amorosa
del parto la sacará.

Cojos, mancos, tullidos,
ciegos y sordos,
en la Santa Cruz hallan

consuelo todos:
que es tan hermosa
que la escogió Cristo
para su Esposa.

Del cielo fue enviada
del Padre Eterno,
para que conozcamos
el Gran Misterio
que es el que encierra;
que así nos lo conceda
Dios en la tierra.

Los Serafines todos
cantan y alegran
a esta Cruz soberana,
fina diadema:
porque en el cielo
es el hecho de Cristo
nuestro consuelo.

Dichosa Caravaca,
puedes llamarte,
pues gozas de los cielos
el estandarte,
que es la Santa Cruz
donde su vida y sangre
dio nuestro Jesús.

Todos los caminantes
y marineros,
por la mar y caminos
andan sin miedo,
como se valgan
de llevar en el pecho
la Cruz amada.

Son grandes los misterios
de esta reliquia
y así digamos todos,
que sea bendita:
para que tiemble
el infierno y la gente
que dentro tiene.

De muertes repentinas,
incedios, robos,
y otros muchos peligros
nos libere a todos
la Cruz sagrada
que en brazos de Cristo
fue desposada.

ORACION A SANTA LUCIA

Dios mío, que conservastéis libre a la bienaventurada virgen y mártir Santa Lucía entre las llamas de fuego que la rodeaban, y la habéis dado a vuestros fieles cristianos por singular protectora contra las enfermedades de los ojos: defendednos por sus méritos e intercesión, de incendio en las casas y de movimientos de ira en nuestros corazones, y asistid benigno a nuestra espiritual y corporal vista. Por Jesucristo nuestro Señor. Amén.

ORACION A SAN CRISTOBAL

Conceded a los que os invocan, glorioso mártir San Cristobal, que sean preservados de peste, epidemia y temblores de tierra, del rayo y de la tempestad, de incendios e inundaciones. Protegednos con vuestra intercesión durante la vida, en las calamidades que la Providencia tenga dispuestas, y en la muerte libradnos de la eterna condenación, asistiendo vos a nuestra última hora para poder alcanzar la eterna bienaventuranza. Amén.

MILAGRO QUE HIZO NUESTRO SEÑOR DEL PERDON

Había una mujer que habitaba en la montaña y tenía una vida arreglada. Esta deseó saber cuántas fueron las llagas que Cristo nuestro Bien, había recibido en su sacristísimo cuerpo, y pidió al Señor con mucha devoción que se revelase. Se le apareció, pues y le dijo: Has de saber que las llagas que recibí en mi cuerpo fueron cinco mil cuatrocientas cincuenta y cinco: por lo que te digo que todo el que rezare en memoria de ellas quince Padrenuestros y Avemarías por espacio de un año, sacará quince almas del purgatorio, y se le remitirá la penitencia que debía hacer por otros tantos pecados mortales, y, además, obtendrá la gracia y la confirmación de las buenas obras. Y asimismo, a quien rezare un año entero las oraciones, le daré quince días antes mi cuerpo a comer, y no tendrá hambre; mi sangre a beber, y no tendrá sed; le pondré delante la señal de la Cruz que le servirá de guarda y defensa, y le asistiré con mi Madre Santísima en la hora de la muerte, y recibiré su alma benignamente, la llevaré a los placeres eternos, y cuando la lleve le daré a beber la Divinidad; y a quien tuviere dolor y contrición de sus pecados, cumpliendo este rezo por espacio de un año, se los perdonaré todos, desde que nació hasta la muerte, y le libraré del poder del demonio y de su tentación, siendo malo se volverá bueno, y continuamente guardaré su alma de las penas del infierno, y lo que pidiere a mi Madre Santísima se lo concederé, dándole la vida para ir a vivir a mi reino, a fin de morar conmigo eternamente. Cualquiera que trajere consigo esta oración, y la diere a leer, o la enseñare a algunas personas, tendrá en esta vida placer y galardón. Dondequiera que esté esta oración, la casa será conservada en paz, así como conservé las pesadas olas del mar. Cualquier persona, sea hombre o mujer, que tuviere esta oración, no morirá de muerte repentina, ni será perseguida por sus enemigos, ni vencida por ellos en batalla, o en prisión, ni ahogada en el mar, ni abrasada por el fuego, ni por rayos, ni acometida de gota coral, ni depondrá contra ella ningún testigo falso. Cualquier mujer que se halle de parto, llevando esta oración, parirá felizmente sin peligro. Esta oración la trajo de Roma don Juan Cardoso y se halló en un hombre que se había arrojado al mar, con una piedra grande atada al cuello: éste anduvo por espacio de tres días sobre las aguas sin ahogarse, y luego que le sacaron las olas, le encontraron dicha oración. El que la traiga, sea con mucha fe, porque Dios no sabe faltar: y todos los días dirá la oración siguiente:

"Mi Señor Jesucristo, acordaos de mí que soy pecador. Virgen Santísima, rogad por mí: siempre seréis alabada y

bendita. Rogad por este pecador a vuestro amado Hijo. Preciosa hermosura de los Angeles, de los Profetas, de los Patriarcas; corona de los mártires, de los apóstoles y de los confesores; gloria de los serafines; corona de las Vírgenes, libradme de aquella espantosa figura cuando mi alma saliere de mi cuerpo. ¡Oh, santísima fuente de piedad y hermosura de Jesucristo, alegría de la gloria, consolación del clero, remedio en los trabajos! Con Vos, Virgen prudentísima, se alegran los Angeles. Encomendad mi alma y la de todos los fieles cristianos; rogad por nosotros a vuestro bendito Hijo, y conducidnos al Paraíso eterno, en donde reináis y vivís para siempre; y allí os alabaremos eternamente. Amén. Jesús".

"Soberana Virgen María, Madre de Jesús, Hijo de Dios vivo, pues le habéis parido: Rogad por todos los pecadores para que nos perdone. Libradnos del enemigo que nos combate,. y concedednos la gloria eterna. Amén, Jesús".

ORACION AL GLORIOSO MARTIR SAN SEBASTIAN

Glorioso e invicto mártir San Sebastián, insigne protector de los afligidos, desconsolados y menesterosos que ponen la confianza en Dios y esperan de su benignísima mano el remedio de sus aflicciones y necesidades: Os suplicamos, como abogado que sois también contra todo contagio, peste y epidemia, libréis nuestras casas, con vuestra intercesión, de estos todos males. Amén.

SAN CIPRIANO Y SANTA JUSTINA

Introducción

Cuando el tirano Diocleciano arrestó a Santa Justina para martirizarla junto con San Cipriano, este Santo compuso la oración siguiente, suplicando a Dios nuestro Señor se dignase preservar a los fieles, de los ensalmos y artificios del demonio; no sólo a todos aquellos a quienes la Santa había convertido a la fe de Jesucristo, sino también a los que en adelante se convirtieren. Esta oración se encontró en los archivos de la ciudad de Constantinopla, cuando los turcos se apoderaron de ella, escrita en un pergamino, de que se incautó un soldado de la Santa Cruzada, viéndolo firmado por un santo mártir, a fin de preservarlo de la voracidad de las llamas, llevándolo siempre consigo dicho soldado, dentro de una bolsa de seda, por cuyo medio se vio siempre libre de todo mal. Posteriormente este pergamino fue entregado al Papa San Clemente, el cual penetrando la virtud y eficacia de la oración que contenía, la recomendó a los fieles como un remedio eficaz contra todos los males, y particularmente contra las tentaciones del maligno espíritu, sus hechizos y brujerías, de modo que dicho Santo Pontífice concedió ochocientos días de indulgencia a todos y a cualquiera de los fieles, cada vez que dijeren u oyeren con devoción la citada oración, que el mismo San Cipriano compuso antes de su glorioso martirio, entregándola a la hermana de Santa Justina, llamada Rufina.

ORACION

¡Oh, Dios Omnipotente y Eterno! Por medio de vuestra sierva Justina con quien voy a perder la vida temporal para alcanzar la eterna, os pido humildemente perdón de todos los maleficios que he cometido durante el tiempo que mi espíritu ha estado preocupado con el dragón infernal; y en pago del sacrificio que hago de mi vida, os suplico que mis plegarias sean oídas a favor de todos aquéllos que de buen corazón os suplicaren la salud de su cuerpo y alma, recordándoos, Señor, que con una sola palabra sacasteis el maligno espíritu de aquel santo varón de que nos habla la Escritura; que resucitasteis a Lázaro, muerto de tres días; que volvísteis la vista al santo Tobías, ciego por la Santa Justina, queráis preservar a vuestra instigación de Satanás; que sois el soberano Dominador de vivos y muertos. Compadeceos, Señor, de todos aquéllos que conozcáis que son vuestros por su fe, esperanza y buenas obras, y os suplico que a aquellos que estén ligados con hechizos, embrujados y poseídos del maligno espíritu, serviros con santas y buenas obras; los deshechiséis para que puedan usar de su albeldrío en vuestro servicio: los desdembrujéis para que el lobo rabioso no pueda decir que tiene dominio sobre alguna oveja de vuestro rebaño, comprada a costa de vuestra preciosísima sangre derramada en el monte Gólgota. Librad-nos, Señor todopoderoso, del poder del ángel rebelde, para que, libres del común enemigo, os alaben, bendigan, adoren, exalten, santifiquen y confiesen a Vos, al Padre y al Espíritu Santo, con todo el coro de Angeles, Patriarcas, Profetas, Santos, Santas, Vírgenes, Mártires, Confesores, de vuestra santa gloria.

Y os suplico, Señor que en nombre del servidor, N., de todos los maleficios, arterías, perfidias y ardides de Lucifer, y de perseguir vuestro santo nombre, para que siempre alabado sea. Preservad la vista, el pensamiento, las obras, los hijos, y los bienes, animales, sembrados, árboles, viandas y bebidas, no permitiendo que vuestro servidor N., sufra ninguna asechanza del demonio; antes bien, iluminadle dándole la vista conveniente para ver y observar vuestras maravillas en la obra de la naturaleza; rectificad mi entendimiento para que pueda contemplar vuestros favores y dirigir los negocios a buen fin; desatad mi lengua para cantar las alabanzas de vuestra bondad, diciendo: Alabado seas, Dios Padre, Dios Hijo, Dios Espíritu Santo, tres Personas en un solo Dios, que todo lo ha creado de la nada. Si tengo torpeza en las acciones, dignaos desentorpecerlas para emplearlas en obras de vuestro agrado, si mala dirección en los bienes, hijos y demás dependientes de vuestro servidor, N., os suplico, Señor, la troquéis en buena, para emplearla en un todo en vuestro santo servicio; y finalmente aceptad, oíd, y concededme lo que voy a pediros, en pago del sacrificio que hicieron de sus vidas nuestros mártires. Cipriano y Justina, con las siguientes plegarias:

Señor, apiadaos de mí.
Jesucristo; apiadaos de mí.
Señor, oídme.
Dios Padre, que estáis en el cielo;
Dios Hijo, Redentor del mundo;
Dios Espíritu Santo, apiadaos de mí.
Santa Trinidad; apiadaos de mí.

Todos los santos Angeles y Arcángeles; rogad por mí.

San Sebastían, San Cosme y San Damián, San Roque, Santa Lucía y San Lorenzo; rogad por mí.

Todos los Santos Sacerdotes, Levitas, Religiosos, Anacoretas, Vírgenes, Viudas, Santos y Santas; interceded por mí.

De todo mal; libradme, Señor.
De todo pecado; libradme, Señor.

De vuestra ira; libradme, Señor.
De muerte repentina; libradme Señor.
De los lazos del demonio; libradme Señor.
De la ira, odio y mala voluntad; libradme Señor.
De terremotos; libradme Señor.
Angeles de Dios; oídme.

Sin vosotros mi corazón pierde toda su fuerza.

Sean llenos de confusión los que atenten contra mi vida espiritual.

"—¡Ea, ea! —van gritando—
Ya caerás en nuestros lazos
te seguiremos los pasos,
y en ellos tropezarás".
Pero los que Vos amáis, Señor,
os honran noche y día,
y por eso con alegría
invocan a su Libertador.

Dios clemente, Vos conocéis mi miseria, mi pobreza y mi flaqueza; vuestro auxilio no me neguéis.

Mostraos, Señor, mi defensor en la persecución de mis enemigos.

Huid, amigos de mi desgracia. En mi Dios he encontrado gracia; huid.

Que estos enemigos sean confundidos y alejados, Señor.

Que vengan truenos y tempestades de mala influencia, para que se alejen de mi presencia.

Sean inútiles, Señor, de mis enemigos los pasos.

Líbrame de sus asechanzas, Señor.

Concededme esa gracia, Señor.

Salvad, Señor, a vuestra sierva: os lo suplico por vuestro amor.

Señor, oíd mi súplica; y que el grito de mi corazón llegue hasta Vos, Dios mío.

ORACION

Dios mío, cuyo principio es apiadarse y perdonar al pecador: Acoged benigno mi plegaria, y haced por vuestra clemencia y piedad, que yo y cuantos estén atados con el lazo de la culpa, sean desatados y absueltos. También os ruego, Señor, que mediante la intercesión del glorioso mártir San Cipriano, seamos libres de todo maleficio y poder del maligno espíritu. Amén.

ORACION AL APOSTOL SAN PABLO

Bienaventurado Santo, a quien un destello de la divina gracia convirtió súbitamente, de corifeo del error y encarnizado enemigo de la Cruz, en discípulo de la verdad, apóstol de las gentes y defensor acérrimo de la causa de Jesús crucificado: Rogad por mí, celoso propagador del Evangelio, y alcanzadme de Dios nuestro Señor, quien por un rasgo de amorosa clemencia, os derribó vencido a su presencia, para levantaros convertido y dispuesto a la apostólica misión para la cual os tenía destinado; que también caiga yo aplastado por el enorme pesadumbre de mis culpas, y que alumbrado por los resplandores de la divina gracia, pueda levantarme contrito y penitente, para seguir vuestras huellas en el camino de la fe y de la caridad cristianas, hasta llegar a la celestial Jerusalén, en donde pueda loar al Señor, por toda la eternidad, Amén.

Padre Nuestro, Ave María, Gloria y Credo.

ORACION A SAN ANTONIO DE PADUA

Dios y Señor de las Dominaciones, a cuyo poder está sujeta toda humana y angélica criatura; que concedísteis a vuestro amado siervo San Antonio, el privilegio de que sus devotos hallen las cosas perdidas: Os doy infinitas gracias por lo mucho que favorecísteis a este glorioso Santo, y os pido por su intercesión, concedáis a mi alma luz celestial, y eficacia que domine y refrene mis apetitos desordenados para seguir vuestras divinas inspiraciones; que no pierda yo la joya preciosísima de vuestra gracia, y si por mi desgracia la hubiere perdido, que la halle prontamente. Amén.

RESPONSORIO DE SAN ANTONIO DE PADUA

Si buscas milagros, mira
muerte y error desterrados,
miseria y demonio, huidos,
leprosos y enfermos sanos.

El mar sosiega su ira;
redímense y encarcelados;
miembros y bien perdidos
recobran mozos y ancianos.

El peligro se retira;
los pobres van remediados.
Díganlo los socorridos;
cuéntenlo los paduanos.

El mar sosiega su ira;
redímense encarcelados;
miembros y bienes perdidos
recobran mozos y ancianos.

Gloria al Padre, gloria al Hijo,
gloria al Espíritu Santo.
El mar sosiega su ira;
redímense encarcelados;
miembros mozos y ancianos.

Ruega a Cristo por nosotros,
Antonio glorioso y santo,
para que dignos así
de sus promesas seamos.

Amén.

Padre Nuestro y Ave María.

ORACIO DE SANT AGUSTI

Per demanar alivi a D'eu, en qualsevol aficció i necessitat

¡Oh, dolcíssim Senyor Jesucristi, verdader D'eu i Home, que fóreu envit per vostre Pare Omnipotent al Mon, per a salvar als pecadors, i també per a deslliurar aquells que están posats en las presóns; per a congregar als dividits; per a tornar als pelegrins a ses terres; per a tenir misericórdia del contrits de cor, i consolar als tristos i afligits! Dignauvos, D'eu i Senyor meu Jesucristi, dedeslliunar i tréurer aquest indigne servidor vostre, N., de la tribulació a aflicció en que está posat.

Vós Senyor, que sou guarda de tot el llinatge humá, i amb vostra santísima Passió i preciosa Sang, maravellosament ens compráreu el Paradís, i posáreu pau entre els Angels i esl homes, dignauvos establir i posar pau entre mi iels meus enemics; mostrar vostra grácia sobre de mi; infundir vostra misericórdia, i extinguir i mitigar tota la ira i odi que tenen contra de mi els meus enemics; i, axis com lleváreu la ira i odi de Esaú, que contra del seu germá Jacob tenía, vullau, bon Jesús, mostrar sobre mi, N., servidor vostre, vostra grácia, y deslliurar-me de tots aquells que em tenen rencor. Amén, Jesús.

. *Pare nostre, Ave María, Salve i Credo*

ORACION AL ANGEL DE LA GUARDA

Angel de la paz, Angel de la Guarda, a quien soy encomendado, mi defensor, mi padre, mi vigilante centinela: Gracias te hago, que me libraste de muchos daños y peligros del cuerpo y del alma. Gracias te hago, que estando durmiendo, tú me velaste y despierto, me encaminaste; al oído, con santas inspiraciones me avisaste; yo, encenagado en los vicios mundanos, no me valía de tus consejos, y como desgraciado, no me curaba. Perdóname, amigo mío, mensajero del cielo, consejero y protector y fiel guarda mía: muro fuerte de mi alma, defensor y compañero celestial. En mis desobediencias, vilezas, desvergüenzas y mis muchas descortesías que hoy cometí en tu presencia, tú siempre me ayudaste y guardaste. Ayúdame y guárdame siempre, de noche y de día, Amén.

Padre nuestro y Ave María.

ORACIO A SANT ROC

Que ens guardi del cólera

Oh, Déu clementíssim, que per medi d'un Angel, donáreu al benaventurat Sant Roc una taula, dient que qualsevol que de cor linvocará, será deslliurat de pestiláncia! Vos suplico que tots els que recorren a son amparo, siam deslliurats de tot contagi de cos i ánima, per la seva intercessió, i pels mérits de Jesucris nostre Senyor. Amén.

Padre nostre, Ave María i Gloria.

CURIOSO SECRETO MISTICO PARA GUARDAR EL GANADO

Escribirás sobre pergamino, el Viernes Santo, durante el oficio de la Pasión lo siguiente:

Oteos | a Oxhoo |, Noxio |, Bay |, Glay |, Apenih |.

Luego, doblarás este escrito y lo pondrán en el puño del cayado de pastor y, plantado y clavado en tierra, en medio del rebaño, no se separarán a 20 pasos una res de otra, ni del cayado.

OTRO, PARA CURAR EL GANADO HINCHADO Y GUARDARLO

Dirás: "Goyet Gagog et super Magog, et consummatum est"; y le harás la señal de la cruz en el pie izquierdo, diciendo las mismas palabras (las que dirás también al entrar en el prado), y el ganado será guardado. Esto es para guardarlo, y para curarlo, si hay reses hinchadas, se les dirán las mismas palabras, tres veces cada una, teniéndolas derechas sobre sus dos pies traseros, sin que estén con pena ni agitación. Es probado.

ASOMBRO SECRETO, CIERTO Y PROBADO

A cualquiera que caiga con mal de *San Pau*, se le puede levantar en el acto, sin mal ninguno, con admiración de los presentes.

Soplarás a la oreja del que ha caído con el mal, y dirás estas palabras, tres veces: *Criatura, oye a tu Criador; Criador oye tu criatura, Gaspar, Melchor, Baltasar, levántate por la Santísima Trinidad; y se levantará al momento.*

SECRETO PARA GUARDAR EL GANADO EN LOS CORRALES, GALLINAS Y DEMAS ANIMALES, DEL LOBO A LAS ZORRAS

Dirás, cada semana, un día sí y otro no, empezando por el lunes (y sin contar el domingo), en los sitios cercados o corrales donde estén los animales santiguándose en cada cruz y bendiciendo con la mano al corral con el ganado:

En el nombre del Padre | y del Hijo |, y del Espíritu Santo |. Lobos y lobas. Zorros y zorras, machos y hembras, yo os conjuro en el nombre de la muy santa, sobresanta, tres veces santa e individua Trinidad, y en nombre de Nuestra Señora cuando fue encinta, que no vayáis a tomar ni matar ninguna cabeza de ganado, sean machos o hembras; ni a ninguna ave de plumas de ese corral, ni a comer sus nidos, ni chupar su sangre, ni romper sus huevos, ni hacerles ningún mal.

ORACION CONTRA RAYOS, PIEDRAS, HURACAN Y TEMPESTADES, AUNQUE SEA POR MALEFICIO

Christus Rex venit in pace. El Deus Homo factus est, et Verbum cara factum est. Christus de Virgine natus est. Christus per medium illorum ibat in pace. Christus crucifixus est, Christus mortuus est. Christus ascendit. Christus imperat. Christus regnat. Christus ab omni fulgore nos defendat. Deus nobiscum. Amen.

Yo te conjuro N. (aquí se dice, nubes, huracán, granizada o pedrisco, tormenta o manga de agua, etc.) en nombre del gran Dios, viviente, Adonay, Elosín, Teobac y Metraton, que te disuelvas, como la sal en el agua y te retires a las selvas inhabitadas y barrancos incultos, sin causar daños ni estragos a ninguno.

Harás la señal de la cruz a las cuatro partes del mundo; y si es manga se cortará lo mismo, pero se ha de tener un cuchillo de revés en la mano izquierda (el mango en la hoja atrás). Y levantarás el brazo en alto, haciendo cruces como quien corta, hacia las cuatro partes del mundo, y si es nube; y si es manga, a la manga sola, y repetirás:

Yo te vuelvo a conjurar por las cuatro palabras que Dios mismo habló a Moisés: "Uriel, Seraph, Josafa Ablaty, Agla Caila", que ceda tu fomento. Te conjuro que te disuelvas en el momento, por Adonay, Jesús Autem. Jesús superautem. Superautem Jesús. *Padre nuestro* hasta en la tentación.

Lagarot |, Aphonidos |, Paatia |, Urat |, Condion |, Lamacron |, Iodón |, Arpagón |, Atamar |, veniat Serabani |.

MODO DE QUITAR EL FUERTE MAL DE VIENTRE, EN SEGUIDA

Harás 9 cruces en el ombligo, y a cada cruz dirás:

| Ostevum |, ostesa |,
Malehit |, Bányat |,
Amb poca palla |,
Mal de ventre | ves-ten
d'aquí avit |,
que Déu t'ho mana |.

Esto se repite 3 veces, y se rezan tres Padrenuestros a la Santísima Trinidad.

PARA SALVAR LA VIDA EN LA GUERRA

Dirás: "Señor, que no habéis querido que vuestra túnica fuese partida en pedazos, sino que fuese jugada en suertes, hacedme a mí la gracia de que yo logre salvar mi vida en esta guerra. Señor, libradme de morir en ella. Señor, libradme a mí, si queréis". Dirás 3 veces el Padrenuestro, por las víctimas de la guerra.

ORACION

Enviada como un exquisito regalo, al serenísimo Carlos el Grande, Emperador de Hesse y de la Germania

San León, Papa, ha reunido y puesto por obra de la oración que sigue, de las mismas palabras y preceptos de nuestra Santa Madre Iglesia, y la envió a Carlo Magno, diciendo:

"Si vos creéis firmemente y sin ninguna duda, cada día que digáis la oración y en vuestro retiro o recogimiento, con devoción, y la llevéis sobre vos con respeto, sea en la guerra, sea en el mar o en cualquier parte que os encontréis, ninguno de vuestros enemigos tendrá poder sobre vos: seréis invencible, y ganaréis fàcilmente las batallas; os libraréis de los más grandes peligros, enfermedades y desgracias, en nombre de nuestro Señor Jesucristo. Amén.

En obsequio y memoria del mismo Pontífice, agradecido y lleno de fe al Rey Carlos la hizo escribir en letras de oro, llevándola siempre sobre él con mayor cuidado y el más grande respeto y devoción.

Ningún mortal puede explicar la virtud y gracia de esta oración. Si los hombres conocieran su virtud y excelencia, la darían cada día con mucha fe, y no dejarán de llevarla siempre consigo; en tal manera, que no se encuentra ninguna persona que diga que habiendo recitado esta oración, se haya visto abandonada de Dios en sus necesidades, y que no haya alcanzado lo que deseaba, y la experiencia innegable de haberla hecho conocer a otros. Así, el que la diga cada día con devoción, y la lleve encima con respeto, no tendrá ninguna alteración en el alma ni en el cuerpo (guardando los mandamientos divinos), por la gloria y alabanza de Dios, todopoderoso, de la gloriosa Virgen María, su Madre, y de toda la Corte celestial, por cuyo medio será preservado del hierro, del agua, del fuego, y de una muerte repentina. El diablo mismo no tendrá ningún poder sobre él; no morirá sin confesión, y su enemigo no le podra hacer mal, ni durmiendo ni en camino; y en cualquier parte de éste, no será nunca vencido ni hecho prisionero. Esta oración es maravillosa contra las tempestades, los truenos y rayos; y si se dice encima de un vaso de agua bendita, haciendo esparciones, o bendiciones en forma de cruz, al sitio o nublos, al instante se acabará la tempestad y los truenos.

Si se encuentra dentro del mar, diciendo la oración 3 veces, no le sucederá aquel día ningún accidente funesto, ni tempestad; y si se dice 3 veces sobre de una persona de la que esté posesionado el mal espíritu, tendrá ella, u otra persona en su representación, una vela bendita encendida en la mano derecha y será libre inmediatamente.

Si alguna mujer se encuentra en peligro de parto, se le dará una vela bendita encendida y se le dirá la oración, y se verá luego libre del parto. Si alguno se ha de poner en camino, antes de marchar léala, o hágala leer, y llévela encima, que no tendrá ningún accidente en su viaje, de ninguna manera; y si viene a morir, se salvará, porque tendrá tiempo de formar un buen acto de contricción, por la gran misericordia de Dios, que obra por esta oración, lo cual ha sido experimentado por muchas personas.

También tiene propiedad de servir contra toda clase de encantos y encantamientos, sortilegios, caracteres, visiones, ilusiones, posesiones, obsesiones, impedimentos, ligamientos, maleficios, y todo lo que nos pueda suceder por arte de brujas, o incursión del diablo.

También contra todas las cosas que pueden ser dadas a los caballos y yeguas, bueyes, ovejas, y otras especies de animales, etc.

Crux mihi certa salus.
Crux est quam semper adoro.
Crux mi defugium
Crux Domini mecum.

DIVINO JESUS, PERDONADNOS

ORACION

¡Oh, Verbo que os habéis encarnado, clavado en una cruz, sentado a la diestra de Dios Padre! Yo os adoro por vuestro

santo nombre, a la pronunciación del cual todo hombre se humilla! Vos que escucháis las súplicas de todos los que es Vos confían y creen, dignaos preservar a esta criatura N., (aquí el nombre), por vuestro santo nombre, por los fines y la pureza con que os dignáisteis honrar a la Santísima Virgen, vuestra Madre, y por las súplicas, dignidades y virtudes de todos los Santos de Dios, de todo ataque de maleficio por parte de los demonios y de los malos espíritus. Vos que vivís y reináis con Dios Padre | y el Espíritu | Santo, en unidad perfecta. Amén.

CONJURO

Aquí tenéis la Cruz | de nuestro Señor Jesucristo (se enseña la Cruz), de la que depende nuestra salud, nuestra vida, nuestra resurección espiritual. La confusión de todos los demonios y malos espíritus. Huid, pues, marchad de aquí, demonios, enemigos conjurados de los hombres, en nombre de Jesucristo, porque yo os conjuro a vosotros, demonios infernales, espíritus malignos, cualesquiera que seáis, presentes o ausentes, bajo cualquier pretexto que seáis llamados o conminados, o por vuestra voluntad, o por la fuerza, por amenazas, por artificio de hombres o mujeres malas, por morar o habitar: yo os conjuro otra vez, por temerarios y obstinados que seáis, de obedecer y dejar a esta criatura, N., hechura de Dios, y redimida por Dios, viviente, por el verdadero Dios Santo |, por el Dios padre |, por el Dios Hijo |, y por el Espíritu | Santo, también Dios; pero principalmente por Jesús superautem, por superautem Jesús, por Aquél que fue inmolado en Isaac, vendido en José; que siendo hombre fue crucificado, que ha sido como degollado inocentemente como un corderito; por la sangre de Aquél a cuyo Mandato San Miguel combatió con vosotros, demonios, y os hizo huir cuando queríais presentaros y sentaros en el trono de Dios. ¿Quién como Dios fuerte y sano? Yo os prohibo de su parte, y por su autoridad, que bajo cualquier pretexto que sea, podáis hacer ningún mal a esta criatura, N., ni a nosotros, ni morar en ella, ni en estos sitios, ni dentro ni fuera de su cuerpo, ni de estos sitios, a 100 leguas a la redonda; sea que duerma, que vele, que coma, que rece, que trabaje, o que obre natural y espiritualmente. Yo os digo que si sois rebelde a mi voluntad, valido como estoy por la de Dios, y por su gracia y misericordia, aunque indigno, pero lleno de fe viva, echaré sobre vosotros todas las maldiciones y excomuniones de todos los Santos; San Pedro y San Pablo, San Antonio de Padua y San Antonio Abad, San Benito y San Cipriano. Deshago todos vuestros enredos y compromisos de todos los magos, brujos y brujas; caracteres, jeroglíficos, y hasta las mismas formas y pactos con palabras y acciones, de todas materias y vegetales, sangres y animales, con el nombre de las tres veces, Santa Trinidad, Dios Santo, Dios fuerte; Dios inmortal, que estamos seguros y libres de vuestro mal; Agios, Sother, Mesías, Emmanuel, Sabahot, Adonay, Athanatos, Ischiros, Eleison, Oteos, Ely, Eady, Agla, Alpha et Oméga, Jeová, Profeta, Camino, Verdad, Vida, Eternidad, Glorias Teatragrammaton. ¿Quién como Dios? Yo os conjuro a su nombre, por sus santos nombres, por sus méritos y virtuosa gloria, y os mando os marchéis inmediatamente, y deshago todo encanto y posesión vuestra. | Lagarot, Alphonidos, Paatia, Urat, Condion, Lamacron, Fondon, Arpagón, Aamar, Bourgais, Veniatl, Sarabini. Ea Verbum caro factum est, et habitavit in nobis, Yo os condeno, de parte de la muy Santa Trinidad, a que vayáis al estanque del fuego y del azufre, donde seréis llevados y atormentados a la voz del bienaventurado San Miguel. Y si sois forzados a hacer mal por algún mandato, ya sea dandoos culto o adoración, y perfumes, o que hayan echado alguna suerte por palabras o por magia, sea sobre hierbas, sobre piedras, o en el aire, o en el agua de fuente, ríos, lagunas, estanques, o en el mar, o que eso se haya hecho natural o sencillamente, o con composición, y que esas cosas sean temporales; o si se han servido de cosas sagradas, aunque se haya empleado en el nombre de Dios, o de sus Angeles; que se hayan servido de caracteres, que hayan examinado las horas, minutos, días, semanas, meses, o años, lo mismo. Aunque hayan hecho con vosotros algún pacto tácito y manifiesto, aunque haya sido con juramento solemne; yo rompo y destruyo y doy por nulas todas esas cosas, por la virtud y poder de Dios Padre |, que hà criado a todas las cosas; por la sabiduría del Hijo |, Redentor de todos los hombres, y por la voluntad del Espíritu Santo |; escudado con el escudo de San Miguel, donde dice: "¿Quién como Dios?" En una palabra, por Aquél que ha cumplido la ley enteramente; que es, era y será siempre Omnipotente, Agios, Athanatos, Sother, Tetragrammaton, Jeová, Alpha et Oméga, principio y fin: en una palabra, que todo el poder infernal sea destituido y huido de esta criatura, N (y de estos sitios), por la señal fe la santa Cruz sobre la cual Jesucristo ha muerto, y por la encarnación de los santos Angeles, Arcángeles, Patriarcas y Profetas, Apóstoles, Mártires y Confesores, Vírgenes y Viudas, y de la bienaventurada Virgen María, y, en general, de todos los Santos que disfrutan de la presencia de Dios desde la creación del mundo, como también de las ánimas santas que viven bajo la Iglesia de Dios. Rendid vuestros homenajes al Dios muy alto y poderoso, y que ellos penetren hasta su solio (trono), como el humo del corazón de aquel pez que fue quemado por el Arcángel San Rafael; desapareced de aquí, como el espíritu inmundo huyó de delante de la casta Sara. Que todas estas palabras sagradas y bendiciones os hagan marchar, no permitiéndoos que os acerquéis más a esta criatura, N., que tiene el honor de llevar en su frente la marca y señal de la Rendición y Santa Cruz |, pues el mandato que yo os hago ahora no ha salido de mí, pero sí del que ha sido enviado del Señor, Padre Eterno, a fin de destruir vuestros maleficios, y eso lo ha hecho padeciendo la muerte en el árbol santo de la Cruz; y nos ha dado el poder de mandaros salir, por su gloria y utilidad de los fieles sus redimidos. Y así os prevenimos, según su nombre, que huyáis y no os acerquéis, más a esta criatura, N., ni a estos sitios; huid y desapareced de la vista de la Cruz. El León de la tribu de Judá ha vencido, así como la familia de David, Aleluya, Amén. Amén.

Tres Padrenuestros, en honor de la Santísima Trinidad, y a las almas del purgatorio.

Christus vivit. Christus regnat. Christus ab omni malo te defendat. Maledicti et excommunicati daemones, invirtute istorum factorum Dei, nominum; Mesias, Emmanuel, Sother, Sabahot, Agios, Inchiros, Athanatos, Jeová, Adonay et Tetragrammaton, vos constrigimus, et separamus a creatura ista N., et ab omni loco et domo ubi fuerint haec nomina, et digna Dei, praecipimus vobis, atque ligamus vos ut non habeatis potestatem per pestem, nec per aliquod quodcumque maleficium nocere ei, incantationem, neque, in anima, nec in corpore.

Ite, ite, ite, maldeicti, in stagnum ignis, sive ad loca vobis a Deo assignata. Imperat vobis Deus | Pater. Imperat vobis Deus | Filius. Imperat vobis Deus | Spiritus Sanctus. Imperat vobis Santísima Trinitas unus Deus.

OREMUS

Accipat uaesemus, Domine Deus noster, bene | dictionem tuanm creatura tua ista, qua corpore, salvetur, et mente congruam-que tibi exhibeat servitutem, atque tuae propitiationis beneficia semper invenit. Peter Christum, etc.

Esta nómina tiene muy eficaz virtud contra la peste; es un especial preservativo y antídoto contra el veneno; echa los demonios del cuerpo y de cualquier sitio; no hay tristeza ni mala sombra en la habitación donde esté puesta; reina la paz y alegría; es contra todo maleficio diabólico y encantos. Libra de rayos; sirve de refugio y en las tempestades. Socorre en el parto. Es remedio de la gota serena. Es medicina en los otros males. Es arma poderosa contra toda tentación, particularmente contra la pureza. Libra al ganado de las enfermedades. Finalmente, destruye las maquinaciones del enemigo común y da a los afligidos y tentados, consuelo, fortaleza y alivo en la vida y en la muerte.

CRUZ DEL SANTO PADRE BENDITO

(Modo de usarla)

Se lleva sobre de la persona. Se podrá colocar en un cuadro, o en las puertas de las habitaciones, o en cualquier paraje de la casa; se podrá colocar en la parte dolorida, en caso de enfermedad. Besándola se ganan muchísimas indulgencias.

En todas las ocasiones en que se debe hacer uso de dicha Cruz, se rezan cinco Gloriapatrias a la Pasión de Jesucristo, y tres Avemarías a la Virgen Santísima, y un Padrenuestro a San Benito;

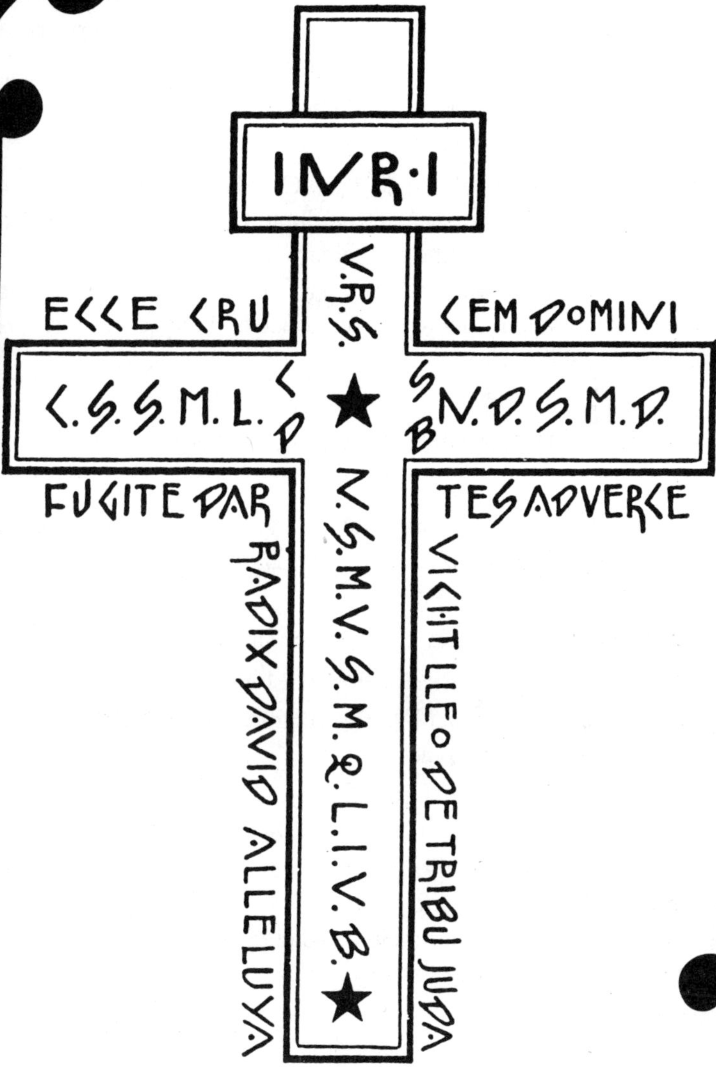
INR·I
ECCE CRU
CEM DOMINI
V.R.S.
C.S.S.M.L.
C P
S B
N.D.S.M.D.
FUGITE PAR
TES ADVERCE
N.S.M.V.S.M.Q.L.I.V.B.
RADIX DAVID ALLELUYA
VICIT LLEO DE TRIBU JUDA

las cuales se aconseja que se recen, si se puede, cada día, para gozar más abundantemente el fruto de esta devoción.

Esto se ha sacado del libro 2o. de la Vida de San Benito, escrita por San Gregorio, Papa y Doctor.

Y diciendo cada día delante de dicha Cruz la oración siguiente de San Benito, pues reveló este Santo a Santa Gertrudis, que asistiría, a la hora de la muerte, para oponerse poderosamente a todos los ataques del poder infernal del enemigo, al devoto que la hubiese rezado diariamente. Y Clemenet XVI concedió indulgencia plenaria cada vez, al que la rezase.

EXPLICACIONES DE LAS LETRAS

Las cuatro letras colaterales, o de los ángulos de la Cruz, que son C. S. P. B., significan: *Cruz Sancti Patris Benedicte.* Cruz del Santo Padre Benito.

Las cinco primeras de la cara horizontal, C. S. S. M. L.: *Crux Sacra Sit Mihi Lux.* La Cruz sagrada sea para mí luz.

Las otras cinco, N. D. S. M. D.: *Non Draco Sit Mihi Dux.* No sea el dragón (o demonio) mi guía.

Finalmente, sobre la cara de la elipse empezando por arriba y volviendo hacia abajo, las catorce letras siguientes: V. R. S. N. S. N. V. S. M. Q. L. I. V. B.: *Vade Retro Satana. Numquam Suade Mihi Vana Sunt Mala Quae Libas. Ipsa Venena Benedicte.* Aléjate Satanás. No logra persuadirme la vanidad. Son malas las cosas que tú propagas. Bebe los mismos venenos.

ORACION

Que priva a todos, los enemigos, de verle, rezando los seis Padrenuestros y el Credo.

En el huerto de Diviseo
están San Juan y Homini Deo.
Señor: Los enemigos ves venir;
déjalos venir, guarde a mí.
Y todos los que están a mi lado,
de mí traen los ojos vendados
y el corazón amartillado.
Tengo la Sangre de mi Señor
Jesucristo,
y no la quiero dar
a So Benaro Bajenaro.
Válganme las palabras del Pan consagrado.

ORACION

Esta tiene la misma propiedad.

Con el paño que la patenta
y en el cáliz voy cubierto,
que no me vea preso,
ni herido, ni muerto.

Se ha de rezar tres veces al día.

ORACION

Mi amado Padre San Benito: Por aquella distinción con que el señor me dignó honraros, concediéndoos una muerte tan gloriosa y beatificándoos; os ruego que os dignéis asistirme a la hora de mi muerte, y ejecutar en mí todas aquellas promesas que hicísteis a la bienaventurada Santa Gertrudis. Amén.

Un Padrenuestro, tres Avemarías y cinco Gloria patris.

OTRA ORACION

En nom de Déu el Pare, en nom de Déu el Fill, en nom de Déu l'Esperit Sant, em guardará i em lliurará de tot mal de cos i de l'ánima. Amén.

Corona de Crist, Creu de Crist, Sang de Crist, em guardará i em lliurará de tot mal del cos i de l'ánima. Amén.

Jesús de Nazaret, Rei de Judea; Pel teu sagrat nom i títul, guarda'm i lliaur'm de tot mal de cos i de l'ánima. Amén.

BENDICION DE CASA NUEVA

A ti, Dios Padre omnipotente, rendidamente pedimos que bendigas nuestra entrada, y te dignes santificar esta casa; y, así como quisiste bendecir la casa de Abraham y de Jacob, e hiciste habitar entre sus paredes a tus santos ángeles, asimismo haz que guarden bien y defiendan a los habitantes de esta casa, de toda alma mala y de nuestro cuerpo defiendan de cualquier maleficio de Satán y sus sátelites. Da, Señor, a esta casa la abundancia de virtud celeste, y la multitud de dichas de esta tierra. Por Jesucristo nuestro Señor. Amén.

CONJURO
Contra duendes y brujas

V. En nombre del Señor sea nuestra ayuda.
R. Quien hizo el cielo y la tierra.
V. El Señor sea con vosotros.
R. Y con tu espíritu.

ORACION

Omnipotente y sempiterno Dios, que comunicaste tu gracia a tus sacerdotes, para que en tu santo nombre se perfeccionasen e hiciesen creer en Ti: Nosotros rogamos a tu clemencia, que nos visites y nos bendigas, como visitaste y bendijiste a ellos, y que extiendas tu mano derecha hacia todo lo que tenemos que hacer, para que sea ayuda de nuestra poca virtud y fuerza, y que por la invocación de tu santo nombre huyan de aquí todos los malignos espíritus, junto con sus satélites, y entren y ayuden tus Angeles puros en esta casa, y guarden a sus habitantes, para que puedan emplearse en tu santo servicio, sin temor de los enemigos, puestas la fe y la confianza en Ti. Por Cristo nuestro Señor. Amén.

V. El Señor sea con vosotros.

R. T con tu espíritu.

FRAGMENTO DEL SANTO EVANGELIO ESCRITO POR SAN LUCAS

Gloria a Ti, Señor.

En aquel tiempo existía un varón llamado Zaqueo, que era príncipe de los publicanos y muy rico, el cual deseaba ver quién era Jesús, y no podía, por ser muy pequeño de estatura; entonces corriendo se subió a un árbol sicomoro por el lugar donde había de pasar; y llegando Jesús a aquel sitio, llegó y le dijo: Alégrate, Zaqueo, y baja, porque hoy quiero comer en tu casa contigo. Entonces Zaqueo bajó corriendo y tuvo en ello mucha alegría. Viéndolo los otros, murmuraban diciendo que era extraño que se franquease con un hombre tan pecador. Estando después Zaqueo con el Señor, le dijo: Señor, he aquí todos mis medios de riqueza y subsistencia; si he robado con usura a algunos, prometo devolverlo cuatro veces mayor. Entonces Jesús le dijo que por eso había ido a su casa; para salvarle, y porque siendo todos hijos de Abraham, había venido él, Hijo del hombre, a buscarle y hacerle salvo, del modo que lo podía.

Alabanza a Ti, Cristo.

Por la virtud del Santo Evangelio que hemos dicho, desaparezcan y vuelvan a la nada todos los engaños y acechanzas del enemigo infernal; y todas las cosas del maligno espíritu, junto con toda su malicia, marchen inmediatamente de esta casa. Amén.

ORACION

Señor Jesucristo: Clamando por tu remedio y creyendo con esperanza en Ti, dirige todos nuestros negocios hacia el bien, y da felicidad en esta casa; y quede permanente en ella; y, así como el venir al mundo lo santificaste todo, y al ir a casa de Zacarías la llenaste de bendiciones con tu presencia corporal, asimismo bendice |, y dígnate santificar esta casa, para que sus habitantes, salvados con tu bendición, se alegren y sirvan contentos y conozcan a Ti, Señor, por único Salvador.

Por Ti que vives y reinas con el Padre, el Hijo y el Espíritu Santo. Amén.

CONJURO

Contra vos, espíritu rebelde, habitante y arruinador de esta casa; por los méritos de las llagas de Cristo, invocando el auxilio divino y la virtud del dulcísimo nombre de Jesús, junto con el de la sagrada Virgen María, de los santos Angeles y beatísimos Apóstoles, Mártires, Confesores y Vírgenes y todos los Santos; conjuro contra vos y mando que sin demora marchéis de esta casa, haciendo disolver cualquier maleficio que hayáis echado vos, o cualquiera de vuestros ayudantes; y cualquier maleficio yo te disuelvo en nombre de Jesús de Nazaret, y deseo que se disuelva; y te ato con el precepto formal de obediencia, para que no puedas permanecer, ni volver a hacer venir a otros, y no puedas perturbar ni maleficiar nuestro negocio, bajo la pena de permanecer continuamente en el fuego y azufre ardiendo por millares de años.

En el nombre de nuestro Señor Jesucristo, que vive y reina con el Padre, el Hijo y el Espíritu Santo. Amén.

Andese toda la casa, haciendo cruces con agua bendita e instrumento cortante, en cada pared de los aposentos, diciendo:

He aquí la cruz de nuestro Señor Jesucristo, Salvador del mundo. Marchaos, espíritus contrarios.

TESTAMENT DE CRISTIA

Jo, N., entrego la meva ánima en mans de mon Criador i Redemptor. El cos, el deixo perqué es restitueixi a la terra, de qual ha eixit.

Renuncio, amb prompte ánim, els bens, honres e delícies temporals; i solament desitjo guardir de Vós, suprem bé meu, i Senyor meu.

Tinc un gran dolor dels meus pecats, per quant vos he graument ofés, Déu meu, a qui aimo sobre totes les coses; y prometo ajudat de vostra divina grácia, esmenar-me, e donarvos una completa satisfacció.

Perdono tots els agravis, i demano humilment a tot el món, que em perdoni.

Crec tot lo que la Santa Església Católica em proposa créurer.

Espero que, por vostre infinita misericórdia, Déu meu, alcancaré la remissió dels meus pecats, i la vida eterna.

A Vós, verdader Déu. Tri en Persones, suprem i únic bé meu, jo aimo de tot mon cor, de tota la meva ánima, i amb totes les meves forces.

Accepto de vostra má, i vos dono les grácies de totes les prosperitats; e em someto totalment a vostra divina Providéncia i Voluntat santíssima.

Aquesta és la meva última voluntat, en confirmació de la qual, prego em serveixin de testimonis, y em patrocinin amb son amparo, la benaventurada Verge María i tots els Sants patrons meus. Amén.

ORACIO

Déu i Senyor nostre, que, havent mort de feridura el benaventurat Andreu Avelino, estant oferint en Laltar el sant sacrifici de la Missa, li féreu grácia, per vostra pietat, de rébre'l en l' etern Santuari de vostra glória: Dignauvos, per vostra misericórdia, i pels seus mérits i intercessió, concerdirnos que, essent deslliurats de tot peril en el fí de nostra vida, i conhortats amb els sants Sagraments, mereixím ésser rebuts, amb tota felicitat, en l'etern Tabernacle de vostres servidors. Per Jesucrist Senyor noste. Amén.

ORACIO A SANTA ELENA

Lena, Lena, Lena,
filla del Rei y Reina,
a Betlem se'n va aná,
i a Judas va preguntá:
—Judas, digas-me la veritat
de lo que serás preguntat:
¿Ahónt és la creu de Cris?

I els tes claus i la corona,
dígas-me: ¿ ahónt són posats?
—Elena, Elena, això
jo no vos ho diré,
perqué jo no ho sé.
Camineu, caminareu,
que una Mort hi trobareu
que vos ho dira.

—Mort i Mort,
em dirás la veritat:
La creu, corona i els tres claus
de Crist, ¿ahónt són posats?
—Elena, Elena, això
jo ja vos ho diré,
perqué jo ja ho sé.
Camineu, caminareu,
que una muntanya de Sang hi trobareu;
un cávec, i un cabás.
Cava i cavarás,
que le creu, corona i els tres claus
de Crist, hi trobarás.
L'un clau, el tirareu
a la mar blava, pels pobres navegants;
i aquella mar blava es va amansí.

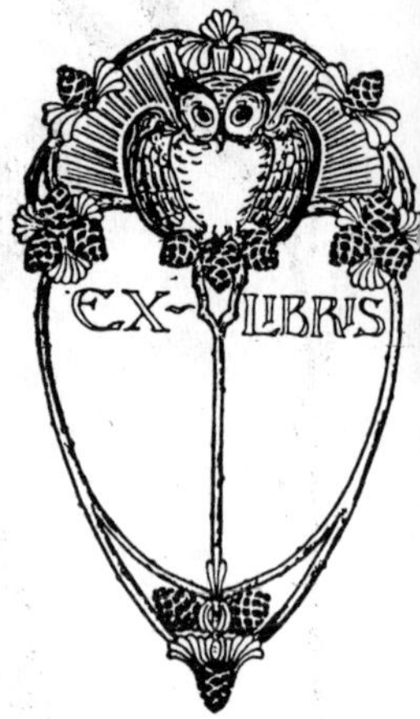

L'altre clau, el dareu
a vostre fill Constantí,
per aquella batalla en que vencé.
L'altre clau, és per Vós, Elena.
Vos lo demano
que me'l concediu a mi, N.,
i que L'apliqueu sobre...
(*lo que es vulgui demandar*).
Axis. Sia. Amén.

Tres Parenostres per cada creu de romaní.

OFERIMENT

Santa Elena gloriosa: Aquest nou Parenostres, i nou Avemaries, i nou Gloriapatris, i aquestes tres oracions, vos els ofereixo per aquella tan gran alegria que tinguéreu quan trobáreu la creu, la corona, i els tres claus de Cristi. Aiximateix, vos demando que me'l concediu a mi, N., que em concediu de Jesucrist i la Santíssima Trinitat, tot lo que vos he demant per... etc., etc., i totes les coses, i tot lo que desitjo i pretenc.

A la creu, rendit, adoro.
Es la creu, per mi, salut.
Es la creu tot mon socors.
Guardi'm Déu per sa virtut.

Tres Parenostres a la Santíssima Trinitat.

DEVOCION AL CORAZON AGONIZANTE DE JESUS

¡Oh, misericordioso Jesús, abrasado en ardiente amor de las almas! Por las agonías de vuestro sacratísimo Corazón y por los dolores del de vuestra inmaculada Madre, os suplico que lavéis con vuestra preciosa sangre las manchas y errores de todos los pecadores que se hallen en la agonía y tengan que morir hoy. Amén.

Jaculatoria. ¡Oh, Corazón agonizante de mi amado Redentor! Tened misericordia de los infieles moribundos. Amén.

ORACION A JESUS SACRIFICADO

Miradme, oh, mi amado y buen Jesús!, que, postrado en vuestra santísima presencia, os ruego con el mayor fervor, imprimáis en mi corazón los sentimientos de fe, esperanza, caridad, dolor de mis pecados y propósito de jamás ofenderos; mientras yo, con todo el amor y compasión de que soy capaz, voy considerando vuestras cinco llagas, comenzando por aquello que de Vos dijo, ¡oh mi Dios!, el santo profeta David:

Han taladrado mis manos y mis pies, y se pueden contar todos mis huesos.

OTRA, PARA HACER FORTUNA

En nombre de nuestro Señor Jesucristo, Padre, Hijo y Espíritu Santo, sólo un Dios es esencia y trino en persona; yo te invoco, Espíritu |, Espíritu, Espíritu bienhechor, para que seas mi ayuda, mi apoyo; protejas mi cuerpo y mi alma, acrecientes mis riquezas, seas mi tesoro por la virtud de la Santa Cruz, de la pasión y muerte del Todopoderoso; yo te requiero por todos los Angeles de la corte celestial, por los padecimientos de la bienaventurada siempre Virgen María, y por el Señor de los ejércitos que ha de juzgar a los vivos y a los muertos.

A Vos, que sois alfa y omega, Emperador de reyes, Mesías, Señor y Dios mío, a quien todos los Santos invocan, yo os considero y os bendigo y, por vuestra preciosa sangre que derramásteis para salvar al pecador, os suplico os dignéis celebrar mis votos. Amén.

Tres Padrenuestros a la Santísima Trinidad y un Padrenuestro al Eterno Padre porque siga mis pasos.

ORACION A SAN FRANCISCO

¡Oh, glorioso Padre San Francisco
Lleno de amor y caridad os he visto.
Cristo entregó las llagas a Vos.
Rogad, por el amor de Dios,
que cuando yo me muera,
Vos séais en mi cabecera.
Mi alma la entregaré a Vos,
y Vos la entregaréis a Cristo.

Se pide lo que se desea y se dice un Padrenuestro, Avemaría y Gloria patri.

ORACION PARA LIBRARSE DE LOS ENEMIGOS, Y LA OPERACION QUE SE DEBE HACER

Dios, Señor mío, acuérdate de mí, y vuélveme, Dios mío, las antiguas fuerzas para que yo pueda vengarme de mis enemigos.

Con la mano izquierda se toma un limón y se dice lo siguiente:

Limón, has de saber que ningún mágico se ha puesto contra mí, N., porque el rey Saday, éste es el mágico conjurado desde el fondo de Anereoraene, pues en todos esos puede pedir homenaje.

(Esto se hace 9 días seguidos, y se dice 3 veces cuando se hace la operación, y luego el limón se tira al fuego, y si se hace al dar la medianoche, es mejor; y cuando se tiene el limón y se le dicen las palabras, siempre se mira al limón).

UTILIDADES

Espirituales y temporales del agua bendita, que se contiene en las oraciones con que se bendice

Son muchas y grandes las utilidades que consiguen los fieles con el agua bendita, cuando la toman o emplean devotamente, como leemos en las oraciones con las que bendice la santa Iglesia para remedio de nuestras necesidades espirituales y corporales. Las principales son las siguientes:

UTILIDADES ESPIRITUALES

1a. Ahuyenta los demonios, tanto de las habitaciones como de las personas.

2a. Preserva de los sustos y fantasmas del diablo.

3a. Por ella se perdonan los pecados veniales.

4a. Da fortaleza para resistir a las tentaciones y huir de las ocasiones de pecar.

5a. Libra de los malos pensamientos.

6a. Precave de las asechanzas internas y externas del enemigo.

7a. Nos facilita el favor y la asistencia de Espíritu Santo, consolando y alegrando el alma, exitándola a devoción, disponiéndola para orar.

UTILIDADES TEMPORALES

1a. Preserva de enfermedades.

2a. Purifica el aire de todo contagio.

3a. En fin, a todos los que la usan, da salud en el alma y en el cuerpo, supuesto el estado de gracia, porque la puede aumentar por fruto de su devoción.

Mas para conseguir todo esto, se ha de tomar o usar el agua bendita, no por mera costumbre, sino con fe viva, y uniendo nuestra intención con la intención y oración de nuestra Santa Madre la Iglesia. De este modo la usaba Santa Teresa, y por eso alcanzó por su medio tantos favores, como ella misma lo dice en el capítulo III de su Vida, con estas palabras:

"De muchas veces tengo experiencia que no hay cosa con que huyan más los demonios para no volver, como el agua bendita: de la Cruz también huyen, mas vuelven luego: debe ser grande la virtud del agua bendita; para mí es particular y muy conocida consolación la que siente mi alma cuando la tomo. Es cierto que lo muy ordinario es sentir una recreación que no sabría yo darla a entender, con un deleite interior que toda alma me conforta. Esto no es antojo ni cosa que me ha acaecido sólo una vez, sino muy muchas, y mirándolo con gran advertencia, digamos como si uno bebiese un jarro de agua fría, que parece todo él sintió el refrigerio. Considero yo que gran cosa es todo lo que está ordenado por la Iglesia, regálome mucho al ver que tengan tanta fuerza aquellas palabras, que así lo pongan en el agua, para que sea tan grande la diferencia que hace a la que no es bendita".

Al tomarlo se puede decir: "Por virtud de esta agua bendita, líbrame, Señor, de todas mis culpas y pecados". Y también muy bueno rogar a Dios, al tiempo de tomarla, por la conversión de los pecadores.

El Exemo. e Ilmo., Sr. Arzobispo de Valencia, D. Joaquín López Sicilia, por su decreto de 9 de abril de 1835, concedió 80 días de indulgencia a todos los fieles, por cada vez que leyeren esta reseña, o usaren con devoción del agua bendita. Los Ilmos. Sres. Obispos de Segorbe y Albarracín, de aquel entonces, concedieron 40 días de indulgencia cada uno, a todos los fieles, por cada vez que leyeran la referida reseña, rogando a Dios por las necesidades de la Iglesia y del Estado.

Copia de la relación que fue hallada en el Sepulcro de Nuestro Señor Jesucristo, la cual copia tenía escrita en lámina de plata, en su oratorio, el rey D. Carlos II, y dice:

Habiendo Santa Isabel, reina de Hungría, hecho muchas y muy particulares oraciones a nuestro Señor Jesucristo, para que le fuere revelado todo lo sucedido en su santísima Pasión, Jesucristo le dijo con su propia boca:

"Querida hermana mía, sabrás que los soldados y ejecutores de la justicia que me prendieron en el huerto, fueron ciento cinco, los cuales me dieron en la cabeza treinta puñetazos; a más dieronme ciento dos empellones, con los cuales caí setenta veces hasta llegar a la casa de Anás; a más diéronme cinco puntapiés para hacerme levantar; me dieron ochenta golpes en las espaldas y me tiraron por la trigésima vez. Fui escupido en casa de Pilatos treinta y tres veces; diéronme estando maniatado en la columna, cinco mil treinta azotes; hiciéronme en el cuerpo ciento dos agujeros; a más me dieron diez empujones, con los cuales caí otra vez en tierra; llevando la Cruz a cuestas, me dieron otros tres empujones mortales, y las gotas de sangre que derramé fueron treinta mil seiscientas setenta".

A todos los hombres que rezaren en memoria de lo que por ellos padecí, siete Padrenuestros y siete Avemarías, por espacio de doce años, hasta cumplir el número de las gotas de sangre que por ellos derramé, les concedo cinco gracias:

1a. Indulgencia plenaria.

2a. Librarlos de las penas del purgatorio.

3a. Si muriesen antes de cumplir los doce años, esperen como si los hubiesen cumplido.

4a. Lo mismo que a los mártires que han derramado la sangre por mi amor.

5a. Esperen que yo bajaré del cielo a la tierra a recibir su alma, en compañía de los demás parientes hasta el quinto grado, en caso de hallarse en el purgatorio, y todas juntas ellas serán llevadas a mi patria, para gozar de la vida eterna".

También dice que "cualquiera que lleve consigo esta relación, será libre del demonio y no morirá de mala muerte; y la mujer que estuviese en parto, si la lleva juntamente consigo, parirá sin peligro alguno, y en la casa en que estuviere dicha relación, no habrá ninguna mala visión, y cuatro horas antes de su muerte verá a su santísima Madre".

Esta relación fue probada por los Tribunales de la santa Inquisición de España.

Para hacer esta devoción, se deben rezar siete Padrenuestros y siete Avemarías.

ORACION

Señor mío Jesucristo: a Ti, que por la redención del mundo quisiste nacer y ser crucificado y reprobado por los judíos, y de Judas, discípulo tuyo, vendido, y, atado como cordero inocente fuiste arrastrado a la muerte indignamente, presentado ante Anás, Caifás, Pilatos y Herodes; acusado de falsos testigos, con azotes y oprobios perseguidos, coronado de espinas, abofeteado, escarnecido con la caña, cubierto tu santísimo rostro y faz sagrada, despojado de tus vestiduras y atado en la iniquísima cruz, y en ella colgado y puesto entre los ladrones, donde te dieron a beber hiel y vinagre, y fue herido y abierto tu costado; ruégote, Señor mío, en tu virtud de tus santísimas penas de las cuales hago memoria, y por los méritos de tu preciosísima Madre, me libres y guardes de las espantosísimas penas del infierno, y, asimismo, seas servido de conducirme como condujiste al buen ladrón clavado en la cruz. Tú que reinas con el Padre y con el Espíritu Santo, en los siglos de los siglos. Amén.

Esta oración está escrita en Roma con letras de plomo, en San Juan de Letrán; y dícese que quien rezare cuarenta días de rodillas, gana más mérito que si ayunase todos los días a pan y agua, y más si se azotase con mimbres e hiciese penitencia en el desierto.

REVELACIO QUE TINGUE SANT JOAN

En la illa de Patmos, lo qual fou aprobad per l'Església, en el Sagrat Concili Efessi, en el capitul XVI.

Estant, doncs, San Joan, després de l'Assumpció de María Santíssima al Cel, desconsolat i tris per sa ausência, pregá al Senyor, que, per son consol, li deixés veurer a aquella Reina Santíssima.

Oí Dé Senyor nostre sa petició. I, essent arrebatat en esperit, l'Apóstol veu allí en el Cel, aprop de son Santíssim Fill, molt gloriosa i resplandenta, a María Santíssima; i oí que estava pregant a son Fill, que concedis de sa má poderosa, singulars gracies i favors als que amb devocio s'aplicarian en la comtemplació i memoria deels set mes principals Dolors que Ella havia patit, en la seva vida, passio i mort. I Crist Senyor nostre, qui jamai es nega als precs d'aquella Senyora, li respongue:

Mare y Senyora mia, inclinarme a vostra petició vos prometo.

Primerament que qualsevol persona que amb devoció tindra memoria dels vostres set Dolors, y en reverancia de ells vos saludará ams set Pare nostres y set Ave Marias, li conservare un cor humil y encés en mon divi amor.

La segona gracia será: que el lliuraré en la Glória, com si amb uan aspre peniténcia m'hages servir en el desert per espai de quaranta anys.

La quarta: li donaré grácia i torca per que en les tentacions del dimoni, quedi sempre triomfant.

La quinta: no li será tan sensibles les penes del purgatori.

La sisena: li concediré indulgencia del seus pecats i que potri en son cor impresa la meva passió.

La setena, y última será: que allá a la Glória, li donaré, doblada corona i premi"

Oh, promeses d'un Fill, que per les antencions de sa dolorida Mare, són les més benignes per nostre consol!

ORACION A SAN DANIEL

Santo mío, de Dios amado: Líbranos a todos de los engaños del siglo, de enfermedades, pestilencias, aguas fiebres, y pérdidas del cuerpo y del alma, para gloria de la Majestad Divina, a quien por tu intercesión, ¡oh, Santo mío!, suplicamos nos conceda lo que pedimos. Amén.

Luego se hará al Santo la súplica de la gracia y favor que más se pretenda alcanzar, y se concluirá rezando siete Padrenuestros y siete Avemarías.

San Daniel, especial abogado de la peste y guía de los caminantes y navegantes y de los que necesitan tener noticias de ellos.

Sus reliquias se veneran en su propio altar, en la parroquia mayor de Santa Ana, de Barcelona. Su fiesta es el día 3 de enero.

LOS CUATRO SANTOS EVANGELIOS

Se exhorta a llevarlos todos consigo, porque se sabe que son maravillosísimos contra los males, estando en gracia de Dios.

Nuestro Santísimo Padre Pío VI concedió muchos días de indulgencias a todos los fieles que devotamente alaben al Santísimo Sacramento, y mucho más todos los jueves del año y toda la octava de Corpus; como también indulgencia plenaria confesando y comulgando cada mes.

Los que en el mundo habitamos
mientras que la vida dura,
siempre en el peligro estamos;
no hay punto ni hora segura,
y a hacer la experiencia vamos.

Quien se quiera preservar,
aunque en el peligro esté,
acostumbre atesorar
los Evangelios con fe,
que es defensa singular.

Esta reliquia preciosa
sirve contra hechicerías
y nube tempetuosa,
y contra las brujerías
es defensa prodigiosa.

Al cristiano temeroso,
libra esta reliquia bella
del terremoto espantoso,
del rayo y de la centella,
y del huracán furioso.

Y pues hay ejemplos tantos,
que esta reliquia preserva
del demonio y sus encatos,
dicho aquel que conserva
los cuatro Evangelios santos.

Lucas, Juan, Marcos, Mateo,
nos libren de todo mal,
hasta gozar el recreo
de la Patria celestial,
a medida del deseo.

Amén.

EVANGELIO DE SAN LUCAS

En aquel tiempo saliendo Jesús de la Sinagoga entró en casa de Simón, cuya suegra estaba con gran calentura, y le pidieron por su curación. Y Jesús puesto en pie junto a la enferma, mandó retirarse a la fiebre, y la fiebre la dejó, y levantándose luego les servía. Puesto el sol todos los que tenían enfermos con diferentes enfermedades se los llevaban; y él poniendo sobre cada uno las manos los curaba.

EVANGELIO DE SAN MATEO

En aquel tiempo fue llevado Jesús al desierto por el Espíritu Santo para que fuese tentado del diablo; y habiendo ayunado cuarenta días con cuarenta noches, tuvo hambre, y acercándose al tentador le dijo: Si quieres Hijo de Dios, haz que estas piedras se hagan pan. El le respondio diciendo: esta escrito: No de pan sólo vive el hombre, sino de toda palabra que sale de la boca de Dios. Entonces le transladó el diablo a la santa ciudad y le puso en la cumbre del templo, y le dijo: Si eres Hijo de Dios, échate de ahí a abajo, porque está escrito, que han mandado a sus ángeles cuidar de ti, y te llevarán de las manos para que tu pie no tropiece acaso en alguna piedra. Díjole Jesús: También está escrito: No tentarás al Señor tu Dios. Segunda vez le transladó el diablo a un monte muy elevado, y le manifestó todos los reinos del mundo y la gloria de ellos, y dijo: Todas estâ cosas te daré, si postrándote me adorares. Entonces le dijo Jesús: Retírate, Satanás, porque está escrito: Adorarás al Señor tu Dios, y a él sólo servirás. Entonces le dejó el diablo y luego llegaron los ángeles y le servían.

EVANGELIO DE SAN JUAN

En el principio era el Verbo y el Verbo estaba en Dios y el Verbo era Dios. Estaba en el principio de Dios. Todas las cosas fueron hechas por él, y nada de lo que ha sido hecho se hizo sin él. En él estaba la vida, la vida era la luz de los hombres: y la luz luce en las tinieblas: pero las tinieblas no la comprendieron. Hubo un nombre enviado de Dios, que se llamaba Juan. Este vino como testigo, para dar testimonio de la luz, a fin de que todos creyesen por él. No era él la luz, pero vino para dar testimonio de la luz. El Verbo era la luz verdadera que ilumina a todo hombre que viene a este mundo. El estaba en el mundo, y el mundo fue hecho por él; mas el mundo no lo conoció. Vino a lo que era suyo, y los suyos no le recibieron; mas a todos los que le recibieron, dio el poder de hacerse hijos de Dios, a aquellos que creen en su nombre; que no nacieron de la sangre, ni de la voluntad de la carne, ni de la voluntad del hombre, sino de Dios. Y el Verbo se hizo carne, y habitó entre nosotros, y vimos su gloria, como la gloria del Unigénito del Padre, lleno de gracia y de verdad.

EVANGELIO DE SAN MARCOS

En aquel tiempo se apareció Jesús a los once Apóstoles cuando estaba a la mesa, y les reprendió su incredulidad y la dureza de su corazón, porque no creyeron a aquéllos que le habían visto resucitado. Y les dijo: Id por todo el mundo, y predicad el Evangelio a todas las criaturas. El que creyere y fuere bautizado se salvará, pero el que no creyere se condenará. Y ved aquí los milagros que harán los que creyeren: En mi nombre lanzarán los demonios; hablarán lenguas nuevas, cogerán con las manos las serpientes; y si beben algún licor venenoso no les hará daño; pondrán las manos sobre los enfermos y éstos serán curados.

ORACIO A SANT MARC
Pels esllomats

Gloriós San Marc,
benaventurat:
De la font nasquéreu;
d'aquella font tan pura.

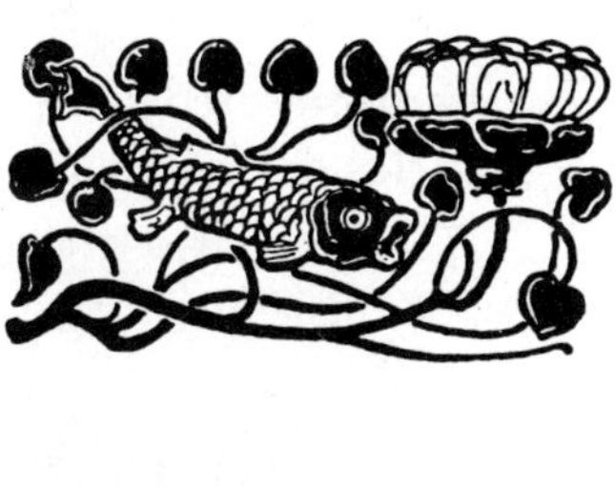

Cureu de esllomadura
al qui en Vós confia, aviat.
I en el nom de Déu sia alabat.

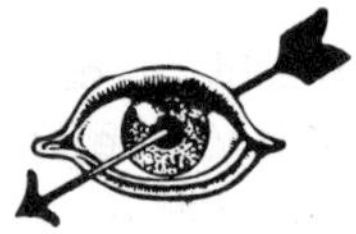

ORACION PARA DAR GRACIAS
(Con cuarenta días de indulgencia)

Sumamente agradecido, Omnipotente y Eterno Dios, os adoro y alabo, y bendigo vuestro santísimo nombre por la merced, que me hicísteis, siendo un vil gusanillo, en permitir que tuviese en mis manos pecadores el Cuerpo sacramento de vuestro unigénito Hijo. Y Vos, mi amado Jesús, que no mirando mis culpas, os habéis, Señor, dignado de hospedaros en mi pecho, dándome vuestra bendición y gracia para alabaros, y seros agradecido a tan alto beneficio, haced que esta Comunión sea destierro de mis vicios y freno que ponga rienda a mis torpes apetitos, sea aumento de humildad, caridad y demás virtudes, que pide mi profesión; sea escudo que me defienda de todos mis enemigos, y quien gobierne mis obras, palabras y pensamientos, porque pueda hacer en todo vuestra santa voluntad.

Ultimamente os ruego, que asistáis a toda la Iglesia y la gobernéis; acrecentéis y prosperéis a sus hijos con la salud del alma y cuerpo, y firme paz y concordia entre los príncipes cristianos; que nos deis bienes temporales, y frutos de mar y tierra; que reprimáis y humilléis a todos sus enemigos, visibles e invisibles que desterréis los errores, escándalos y herejías, y convirtáis a la Fe a todo el linaje humano. Amén.

ORACION

Para preservarse de todo mal, particularmente del poder y artificios del maligno espíritu.

Dios mío, cuyo principio es apiadarse y perdonar al pecador. Acoged benigno mi plegaria, y haced, por vuestra clemencia y piedad, que yo y cuantos estén atados con el lazo de la culpa, sean desatados y absueltos. También os ruego, Señor, que mediante la intercesión del glorioso mártir San Cipriano, seámos libres de todo maleficio y poder del maligno espíritu. Amén.

OTRA ORACION

Bienaventurada Madre del Señor, puerta del cielo siempre abierta, astro hermoso, que sirves de guía a los pecadores que navegan en el mar borrascoso de este mundo: Tú que con pasmo de la naturaleza concebiste y pariste a tu Creador; Virgen y santa Virgen, que recibiste la satulación del Arcángel Gabriel; acuérdate de los miserables pecadores que acuden a Ti como a su refugio. Amén.

Nueve Avemarías.

SAN LUIS BELTRAN QUE CURA TODO MAL

Devoción y prerrogativa con que el padre San Luis Beltrán curaba de todas las enfermedades, y ahora pido a Dios nuestro Señor, por su misericordia, que cure y sane a N., esta enfermedad que padece.

¡Oh, Señor y Redentor nuestro! Yo curo y bendigo a está tu afligida criatura, N., en nombre de la Santísima Trinidad, Padre |, Hijo |, y Espíritu | Santo, tres personas distintas y una esencia verdadera, y de la Virgen María, nuestra Señora, concedida sin mancha del pecado original, Virgen antes del parto —en el parto—, y después del — parto, y por la gloriosa Santa Gerthudis, tu querida y regalada esposa, las once mil Virgenes, San Roque y San Sebastián, y por todos los Santos y Santas de la Corte Celestial; por tu gloriosísima Encarnación |, gloriosísimo Nacimiento |, santísima Pasión | gloriosísima Resurección |, y Ascensión |: por tan altos y santísimos Misterios, que creo firmemente y son verdades del Evangelio.

Suplico a tu Divina Majestad, poniendo por intercesora a la Santísima Madre y abogada nuestra, libres y sanes a ésta su afligida criatura N., de calentura, etc. (se cita la enfermedad), y de otra cualquiera enfermedad que sea. Amén, Jesús. Jesús | Jesús | Jesús |.

No mirando a la indigna persona que refiere tan sacrosantos Misterios, con toda buena fe te suplico, Señor, que para los presentes, te sirvas, por tu piedad y misericordia, de sanar y librar a ésta tu afligida criatura, N., de las enfermedades que padezca, quitándosela de esta parte o lugar, y no permitas le sobrevenga accidente, corrupción ni daño alguno, dándole salud completa para que con ella te sirva y cumpla tu santísima voluntad. Amén, Jesús. Jesús | Jesús | Jesús |.

Criatura de Dios: Yo te juro y te enlazo, y Jesucristo nuestro Redentor te sane y bendiga, y haga su santísima voluntad. Amén, Jesús. Jesús |, Jesús |, Jesús |.

Consummatum est |. Consummatum est |. Consummantum est |. Amén, Jesús.

Un Credo a la intención del que ejerza esta obra.

A LA VIRGEN DE LA SOLEDAD

Estoy delante de Ti,
Virgen pura y sacrosanta,
y al considerarme aquí
no sé lo que pasa en mí,
ni acierto a mover la planta.

Yo no sé quién me ha traído
a este lugar solitario;
sólo sé que conmovido
hoy tus huellas he seguido.

Pero tan turbado estoy
al vernos aquí los dos,
que enojos pienso te doy,

siendo yo, Virgen, quien soy,
y Tú, la Madre de Dios.

Y mi corazón en llanto
se mire al punto deshecho
viendo tan duro quebranto.
¡Oh, Madre! ¡Bajo tu manto,
hallará alivio mi pecho!

Tú también lloras, María;
y este llanto que derramas
diciendo está el alma mía
que eres Tú la que me llamas
a llorar en tu agonía.

¡Sí! Que cuando en orfandad
tu pecho angustiado llora,
fuera impía crueldad,
en tu amarga soledad
abandonarte, Señora.

Por esto, aunque con temor,
vengo a pedir tu licencia,
¡oh, Madre del Redentor!
para llorar mi dolor.
Virgen pura, en tu presencia.

Yo bien sé que indigno soy
de venir a hablar contigo;
mas de tus pies no me voy,
si cuenta fiel no te doy
del hondo pesar que abrigo.

Y soy aquél, que inhumano,
sacrílego y homicida,
clavó en madero villano
al Redentor soberano
que es el autor de la vida.

Mis pecados son, Señora,
los que alzaron esta Cruz
que sangre de un Dios colora,
y dieron muerte traidora
al inocente Jesús.

Y, pues, la ofendida, eres,
y yo el reo criminal;
haz, Virgen, lo que quisieres
con el más vil de los seres
que es la causa de tu mal.

Mas tu llanto de agonía
me está diciendo en tu faz,
que aunque mi culpa es impía,
no eres Tú mi juez, María,
sino ángel de amor y paz.

Hoy a tu Bien has perdido,
y no puedes olvidar
el que en sangre ha convertido
de la Virgen el altar.

Aunque mis pecados son:
la causa de tus dolores,
Tú me darás tu perdón,
cual lo dio en la Redención
Jesús a los pecadores.

Tú le oíste, al morir,
para sus verdugos mismos
perdón al Cielo pedir,
cuando pudo cofundir
su maldad en los abismos.

Y, en Ti con ansioso afán
sus amantes ojos fijos,
Madre haciéndote de Juan,
te dio en adopción, por hijos,
los pobres hijos de Adán.

Yo bien quisiera poder
aliviar tu corazón,
de tan duro padecer;
pero es muy pobre mi ser,
y muy grande tu aflicción.

Se que no puedo aliviar,
Madre, tus fieros dolores;
mas quiero a tus pies estar
para contigo llorar
al Hijo de tus amores.

Yo, llorando arrepentido
las culpas que cometí,
lograré el perdón que pido,
por la sangre que ha vertido
un Dios que ha muerto por mí.

Y Tú, llorando afligida
a tu dulcísimo Bien
que murió por darnos vida,
dulcificará tu herida
vernos gozar de aquel bien.

Pide al Cielo, Madre mía,
tenga nuestro corazón,
horror a la culpa impía,
y la sangre de este día,
nos sirva de salvación.

Pídele, Madre y Señora
del pecador esperanza;
pues una Madre que llora
por el Hijo a quien implora,
los imposibles alcanza.

Y haz que el triste y desgraciado
que llore aquí, Madre mía,
perdone Dios su pecado,
por haber acompañado
la Soledad de María.

ORACION A SAN JOSE

A Vos, bienaventurado San José, acudimos en vuestra tribulación, y después de implorar el auxilio de vuestra santísima Esposa, solicitamos también confiadamente vuestro patrocinio. Por aquella caridad que con la Inmaculada Virgen María, Madre de Dios, os tuvo unido, y por el paterno amor con que abrazasteis al Niño Jesús; humildemente os suplicamos que volváis benigno los ojos a la herencia que con su sangre adquirió Jesucristo, y con vuestro poder y auxilio socorráis nuestras necesidades.

Proteged, ¡oh, providentísimo custodio de la Divina Familia!, la escogida descendencia de Jesucristo; apartad de nosotros toda mancha de error y de corrupción; asistidnos propicio desde el Cielo, y fortísimo libertador nuestro, en esta lucha con el poder de las tinieblas, y, como en otro tiempo librásteis al Niño Jesús de inminete peligro de la vida, así ahora defended a la Iglesia Santa de Dios, de las asechanzas de sus enemigos y de toda adversidad, y a cada uno de nosostros protegednos con perpetuo patrocinio, para que, a ejemplo vuestro, y sostenidos por vuestro auxilio, podamos santamente vivir y piadosamente morir, y alcanzar en los cielos la eterna bienaventuranza. Amén.

Su Santidad León XIII, en su Carta encíclica de 15 de agosto de 1889, recomendó, y aun prescribió, la presente oración, especialmente después del Santo Rosario durante el mes de octubre, y concedió una indulgencia de siete años y siete cuarentenas, a los fieles, por cada vez que la rezaren devotamente.

ORACION DE NUESTRO SEÑOR JESUCRISTO

Oración dedicada al Rastro de la Pasión, cuando le llevaron a crucificar al monte Calvario; y al desconsuelo de la Virgen santísima buscando a su Hijo, encontrándole en el tránsito de la calle de la Amargura, los cuales únicamente con los ojos saludan.

Jesucristo se ha perdido
La Virgen le va a buscar,
de huerto en huerto,
de rosal en rosal.
Debajo de un rosal blanco
un hortelanito está.

-Hortelanito, por Dios,
dime la pura verdad:
si a Jesús Nazareno
por aquí has visto pasar.
-Sí, Señora, que le he visto,
antes del gallo cantar.
Una Cruz lleva en sus hombros,
que le hacía arrodillar;
una corona de espinas,
que le hacía traspasar;

una soga a la garganta,
que de ella tirando va.
Entre los judíos y judíos,
bien acompañado va.

Caminemos, Virgen pura,
que por presto que lleguemos
para el monte del Calvario,
ya le habrán crucificado.
Ya le clavan los pies,
ya le clavan las manos,
ya le tiran la lanzada
en su divino costado;
la sangre que derramaba
está en el cáliz sagrado;
el hombre que la bebiere
será bienaventurado,
será rey en este mundo,
en el otro, coronado.
Quien esta oración dirá
todos los viernes del año,
sacará una alma de pena
y la suya del pecado;
será feliz mientras viva,
y de toda mala infestación, guardado.
Quien la sabe y no la dice.
Quien la oye y no la aprende,
el día del Juicio
verá lo que pasa en él.

Amén.

Tres Credos a Cristo crucificado y una Salve

LUDOVICO BLOSIO

Refiere Ludovico Blosio, en su capítulo 21, lo siguiente:

Primero. Que el mismo Señor Jesucristo dijo en espíritu a un amigo suyo, que cualquier persona de buena voluntad, que con su humildad y diligencia se ocupare en leer o meditar la sagrada Pasión sacará varios provechos, y podrá resistir y destruir a sus enemigos, tanto visibles como invisibles, y alcanzar el triunfo de todas las cosas.

Segundo. Que ninguna cosa le negará de las que le pidiere, con serle razonable y conveniente.

Diga muchas veces con el corazón y el pensamiento a Dios: *Bonum mihi quia humiliasti me. Cor contritum et humiliatum. Deus non despicies.*

Dando infinitas gracias después de quedar libre de sus enemigos o de las desgracias o inestación diabólicas, etc.

Repítase con devoción lo siguiente:

ORACION

Santo Dios, Santo fuerte, Santo inmortal, ten misericordia de mí. Santo en la creación, en el gobierno, en la redención. Santo en la gracia, en la misericordia, en la justicia. Santo en el cielo, en la tierra, en el infierno. Santo, glorificado a los ángeles; justificando a los hombres. Santo, castigando a los demonios. Santo antes de los siglos. Santo en el tiempo. Santo en la eternidad. Santo el Padre ingénito; Santo el Hijo engendrado; Santo el Espíritu Santo, procedente del Padre y del Hijo. Santo, Santo, Santo es el Señor Dios de los ejércitos: llenos están los cielos y la tierra de su gloria. Amén, Jesús.

Tres Padrenuestros a la Santísima Trinidad y un Credo.

ADVERTENCIA

No hay cosa más agradable y gloriosa para Dios, que esta repetición fiel, devota y perpetua, ni cuchillo más riguroso para el demonio, como se colige del capítulo 119 del *Prado Espiritual*. Válgase también de la intercesión de la Virgen y Madre de Dios, singular protectora y abogada de los afligidos, diciendo la siguiente.

ORACION

Madre de toda piedad: Acordaos que mientras que el mundo es, no se sabe que hayáis dejado sin consuelo a quien llegó a pedíroslo, ni se ha oído jamás decir que quien llegó a vuestros ojos con miserias, dejase de salir de vuestra presencia soberana sino remediado; y así, confiado en vuestras piadosas entrañas y liberal condición, me arroja a vuestros pies; no queráis, ¡oh, Madre del Verbo eterno!, despreciar mis ruegos y súplicas, sino oírme propicia y otorgadme lo que con lágrimas de mi corazón os suplico. Amén.

Con esta oración alcanzó el Venerable Francisco Salesio victoria en una gravísima tentación del demonio, y los energúmenos pueden también esperarla.

Por la señal de la Santa Cruz |, de nuestros enemigos | libertad, Señor Dios, nuestra casa | y a todos los que viven en ella. Os lo pedimos en nombre del Padre, y del Hijo, y del Espíritu Santo |. Amén.

OTRA

¡Oh, santísima Cruz! ¡Oh, inocente y piadoso Cordero! ¡Oh, pena grave y cruel! ¡Oh, pobreza de Cristo, mi Redentor! ¡Oh, llagas muy lastimadas! ¡Oh, corazón traspasado! ¡Oh, sangre de Cristo derramada! ¡Oh, muerte de Cristo amarga! ¡Oh, dignidad de Dios, digna de ser reverenciada! Ayudadme, Señor, para alcanzar la vida eterna. Amén.

JACULATORIA

Bendita, alabada y adorada sea la purísima y preciosísima Sangre de nuestro Señor Jesucristo. Sea por siempre bendita, alabada y adorada, ahora y en todos los siglos. Amén.

Padre nuestro, Ave María y Gloria Patri, por las necesidades de la Iglesia, del Sumo Pontífice y de todo el mundo.

OTRA

Jesús tengo en el corazón. Jesús tengo en la boca. Jesús me defienda el alma y la casa.

Todo se dice tres veces.

OTRA

Jesús sea mi guía. Jesús sea mi defensa. Jesús sea mi recompensa. Bendito y alabado sea el sagrado Corazón de Jesús. Amén.

Se dice tres veces.

ORACION A LA SANTISIMA TRINIDAD

En nombre del Padre |, y del Hijo |, y del Espíritu Santo |. Amén.

Por el poder de la Santísima Trinidad, y por el poder Creador, tengo yo virtud y poder de deshacer encantamientos, ligamientos, hechizos, obcecaciones, posesionamientos, y todo mal dado o tirado en cualquier maleficio.

Que todas las acciones de los ladrones, traidores y toda clase de enemigos, queden destruidas por mí, N., en virtud y poder de mi Angel protector y Dios el Creador.

Que seamos guardados yo y mi familia, y demás personas que me quieren bien; y los enemigos y contrarios, por el poder del Creador, y por el que me dejaron el Redentor y San Cipriano, queden ligados y cortados de sus pasos, pensamientos y acciones.

Por el poder de la Santísima Trinidad y el Angel, cuando me convenga quede invisible o multiplicado.

Por el poder que tuvieron sobre el rey Faraón, José y su hermano Benjamín, quede yo siempre libre y en victoria sobre mis enemigos.

Por el poder que tuvieron San Cipriano y Santa Justina, y por la gloria, poder y virtud de San Agustín, que fue consagrado por el Redentor y la Virgen del Carmen, tenga yo también propiedad, virtud y fuerza, siendo salvado por la Cédula del Carmen, y porque soy criatura que llevo la sangre de Jesús. Amén.

Todos mis enemigos queden ligados y derrotados, y el mal espíritu y su poder. Amén.

Gloria Patri, et Filio, et Spiritui Sancto - - -

Gloria in exelsis Deo.

Se rezan tres Padrenuestro y Avemarías a la Virgen del Carmen, para que nos dé la Cédula de Salvación. Amén.

ORACION

Para tener buena compañía.

A la voz del cielo y la tierra,
te entiendo, Señor, y a Jesús de Nazareth.
Justo Juez de Nazaría,
Hijo de la Virgen María,
fuiste nacido en el monte Yogol de Nazaría;
glorificado Señor entre judería.
Os ruego, piadosísimo Señor,
que por este santo día
y noche, el cuerpo de N.
no se vea preso,
ni herido, ni muerto,
ni entre justicia envuelto.

Pax tecum, Domine.
Acompañadnos, señor.

Pax tecum, Domine.
Acompañadnos, Señor.

Pax tecum, Domine.
Acompañadnos, Señor.

Dijo Jesús a sus sagrados discípulos:
"Id y venid delante de Mí, para defenderme.
Ojos tengan, y no nos vean.
Oídos tengan, y no nos oigan.
Manos tengan, y no nos agarren.
Pies tengan, y no nos alcancen".

Con las armas de nuestro Señor San José voy armado.
Con la capa de Abraham, voy tapado.
Con la sangre de nuestro Señor Jesucristo, voy bañado.
Con la leche de María Santísima, voy rociado.

Dadme, Señor, aquella dulce compañía
la que Vos distéis a la Virgen María
Santísima, desde la puerta de Abraham,
hasta la puerta de Belén,

a la puerta de Jerusalén:
con los tres clérigos revestidos,
con los tres cálices bendecidos,
con las tres hostias consagradas.

Amén.

Señor: Así como Vos resucitásteis al tercer día, que yo N., me vea en mi casa, y por dondequiera que vaya, con aquella gran alegría, la que Vos tuvistéis en el vientre virginal de María Santísima, a la cual pondré por mi defensora. Y rezaré tres Credos al Señor, y tres Salves a María Santísima para que me acompañe por dondequiera que vaya. Y tres Padrenuestros a los Apóstoles, para que, así como acompañaron a Jesús en el huerto de Getsemaní, me acompañen a mí, por dondequiera que vaya. Amén.

ORACIO
Per a curar el Cranc (o Cancer).

El Cranc i Jesucrist se'n van a Roma.
El Cranc se'n-va, i Jesucrist hi torna.
¡I visca Crist!
¡Mori el Cranc,
i visca la Fe de Jesucrist!

SATULACION A LAS SACRATISIMAS LLAGAS DE NUESTRO SEÑOR JESUCRISTO

A LA DEL PIE IZQUIERDO

Salúdote, ¡oh, santísima Llaga de mi Señor Jesucristo!; y os pido, señor, por ella, me perdonéis cuanto os he ofendido con todos mis pasos y movimientos.

Padre nuestro, Gloria Patri.

A LA DEL PIE DERECHO

Salúdote, ¡oh, santísima Llaga de mi Señor Jesucristo!; y os pido, Señor, por ella, me perdonéis cuanto os he ofendido con todas mis acciones y palabras.

Padre nuestro, Gloria Patri.

A LA DE LA MANO IZQUIERDA

Salúdote, ¡oh, santísima, Llaga de mi Señor Jesucristo!; y os pido, Señor, por ella, me perdonéis cuanto os he ofendido con mi vista y demás sentidos.

Padre nuestro, Gloria Patri.

A LA DE LA MANO DERECHA

Salúdote, ¡oh, santísima Llaga de mi Señor Jesucristo!; y os pido, Señor, por ella, me perdonéis cuanto os he ofendido con el mal empleo de mi memoria, entendimiento y voluntad.

Padre nuestro, Gloria Patri.

A LA DEL SANTISIMO COSTADO

Salúdote, ¡oh, santísima Llaga de mi Señor Jesucrito!; y os pido, Señor, por ella, que así como fue herido vuestro corazón con el hierro de la lanza, y el de vuestra Madre dolosísima con el cuchillo de su dolor, así penetren en el mío vuestras soberanas luces, para siempre amaros y nunca más ofenderos, queriendo antes morir que pecar. Amén.

Padre nuestro, Gloria Patri.

EXORCISMOS CONTRA SATANAS Y LOS ANGELES APOSTATAS
Mandados publicar por S. S. León XIII

En el nombre del Padre, y del Hijo, y del Espíritu Santo. Amén.

Ps. *LXII*

"Levántese Dios, y sean disipados sus enemigos; y huyan de su presencia los que aborrecen".

"Desaparezcan como el humo. Como se derrite la cera al calor del fuego, así perezcan los pecadores a la vista de Dios".

P. *XXXIV*

"Juzga, ¡oh, Señor!, a los que me dañan: derriba a los que pelean contra mí.

"Confundidos sean y avergonzados los que atentan contra mi alma.

"Atrás los que maquinan contra mí, y sean desbaratados.

"Queden deshechos como polvo ante la furia del vendaval, y estréchenlos el Angel del Señor.

"Sea su camino tinieblas y despeñadero, y el Angel del Señor vaya a sus alcances.

"Ya que sin causa me armaron a escondidas el lazo de muerte, y escarnecieron injustamente a mi alma.

"Caiga en el lazo que menos piensa, y en la trampa que él mismo armó en celada, y quede cogido en su mismo lazo.

"Mi alma entretanto se regocijará en el Señor, y en su Salvador se gozará".

Gloria Patri, et Filio, et Spiritu Sancto.

Sicut erat in principio, et nunca, et semper et in seacula saeculorum. Amén.

ORACION A SAN MIGUEL ARCANGEL

¡Oh, Príncipe gloriosísimo de la milicia celestial, San Miguel Arcángel! Defiéndenos en la batalla "y en la lucha que traemos contra los príncipes y potestades, contra los adalides de estas tinieblas del mundo, contra los espiritus malignos que andan por el aire". (Eph. VI). Ven a socorrer a los hombres, a quienes "crió Dios inmortales, y los formó a su imagen y semejanza, y los compro a gran precio" de la tiranía del demonio. (Sap. II, 23; Cor., VI). Lucha hoy, con el ejército de los Santos Angeles, las batallas del Señor, como peleaste un tiempo contra el capitán de la soberbia, Lucifer, y sus ángeles apóstatas: "y no prevalecieron ni quedó ya para ellos lugar ninguno, en el cielo". Más "aquel drama descomunal, aquella antigua serpiente, que se llamaba Diablo y Satanás, que anda engañando el orbe universo, fue abatido y arrojado a la tierra, y sus ángeles con él".

He aquí que este antiguo enemigo y *homicida* del género humano se ha envalentonado extrañamente. Transfigurándose en ángel de luz, va cercando con toda la caterva de espíritus malignos, y ocupa ya toda la redondez de la tierra, para borrar de ella el nombre de Dios y de su Cristo, y robas las almas criadas para la corona de la gloria inmortal, y despedazarlas y despeñarlas en la eterna perdición. Este dragón maléfico derrama, a manera de torrente asquerosísimo, la ponzoña de su maldad y la transfunde en hombres de inteligencia depravada y de corrompido corazón: espíritu de mentira, de impiedad y de blasfemia, hálito mortífero de lujuria y de todo linaje de vicios y de pecados.

Enemigos astutísimos han llenado de amargura y embriagado con absintio a la Esposa del Cordero Inmaculado, la Santa Iglesia; en todo lo más sagrado y precioso han puesto sus manos impías. En el lugar donde está asentada la Silla del bienaventurado San Pedro y la Cátedra de la verdad para alumbrar a todas las naciones, allí han puesto el trono de su abominable impiedad.

Ea, pues, invictísimo capitán, ayuda al pueblo de Dios contra el ejército invasor de los espíritus malvados y danos la victoria. A Ti venera por su guarda y patrón la Iglesia Santa; a Ti te aclama por defensor contra los nefastos poderíos de la tierra y del infierno; a Ti he encomendado el Señor las almas de los redimidos, que han de tomar asiento en la bienaventuranza soberana. Ruégale al Dios de la paz, que quebrante a Santanás debajo de nuestros pies, a fin de que no puedan en adelante tener cautivos a los hombres, ni hacer daño a la Iglesia. Ofrece nuestras súplicas en el acatamiento del Altísimo para que pronto nos salgan al encuentro las misericordias del Señor, y tú prendas al dragón, a la serpiente antigua, que es el diablo y Santanás, y atados los arrojes al abismo, *para que no engañe más a las gentes.* (Apoc. XX).

Y así confiados en tu patrocinio, y tutela, con la sagrada autoridad de nuestro ministerio, vamos con toda confianza y seguridad, a repeler las infestaciones y engaños diabólicos, en el nombre de nuestro Dios y Señor Jesucristo.

V. Ved aquí la Cruz del Señor, Huid, ejércitos enemigos.
R. Venció el León de la tribu de Judá, el descendiente de David.
V. Venga, Señor, tu misericordia sobre nosotros.
R. Así como hemos en Ti esperado.
V. Señor, escucha mi oración.
R. Y mi clamor llegue a sus oídos.
V. El Señor sea con vosotros.
R. Y con tu espíritu.

ORACION

¡Oh, Dios Padre de nuestro Señor Jesucristo! Invocamos a vuestro santo nombre, y humildemente suplicamos a vuestra clemencia, que, por la intercesión de la Inmaculada siempre Virgen María, Madre de Dios, y por la de San Miguel Arcángel, de San José, esposo de la misma bienaventurada Virgen, de los Santos Apóstoles San Pedro y San Pablo, y de todos los Santos, os dignéis prestarnos vuestro auxilio contra Satanás y de todos los demás espíritus inmundos, que para ruina del género humano y perdición de las almas, andan esparcidos por la tierra. Por el mismo Jesucristo nuestro Señor. Amén.

EXORCISMO

Os conjuramos a todos y a cada uno de vosotros, espíritus inmundos, potestades satánicas, incursiones del infernal enemigo, todas las legiones, todas las sectas, todos los ejércitos diabólicos, que en nombre y virtud de nuestro Señor Jesu | cristo, os desarraiguéis de cuajo y huyáis bien lejos de la Iglesia de Dios y de las almas criadas a imagen de Dios y redimidas con la preciosa sangre del Cordero divino |. En adelante, jamàs te atrevas, astutísima serpiente, a enseñar al linaje humano, y perseguir a la Iglesia de Dios. Así te lo manda el Dios altísimo |, a quien en tu gran soberbia, todavía presumes ser semejante, y que *desea que todos los hombres se saben y vengan al conocimiento de la verdad.* (I Tim., II) Mándatelo Dios Padre |. Mándatelo Dios Hijo |. Mándatelo Dios Espíritu Santo |. Mándatelo la majestad de Cristo, Verbo eterno de Dios, hecho carne |, que por la salvación de nuestro linaje, perdido a causa de tu perfidia, *húmillose a Sí mismo, hecho obediente hasta la muerte* (Phil., II); y edificó su iglesia sobre firme roca, prometiendo que contra ella jamás prevalecerían las puertas del infierno, y que permanecerían con ella *todos los días hasta la consumación de los siglos* (Matth, XXVIII, 20). Mándatelo el sacramento de la Cruz |, y la virtud de todos los demás misterios de la Fe cristiana |. Mándatelo la exelsa madre de Dios, Virgen María |, que desde el primer instante de su inmaculada concepción, quebrantó tu cabeza con tu humildad. Mándatelo la fe de los Santos Apóstoles San Pedro y San Pablo, y los demás Apóstoles |. Mándatelo la sangre de los mártires, y la piadosa intercesión de todos los Santos y Santas |.

Conque, dragón maldito, legiones todas diabólicas, os conjuramos por el Dios | vivo, por el Dios | verdadero, por el Dios | santo, por el Dios que *así amó al mundo, que le dio a su Unigénito Hijo, para que todo el que creyere en El no perezca, sino que alcance la vida enterna* (Joan., III); acaba de seducir a las humanas criaturas y de proporcionarles el veneno de la eterna perdición; cesa de dañar a la

Iglesia y de armar lazos a su libertad. Apártate, Satanás, inventor y maestro de todas las perfidias, enemigo de la salvación de los hombres. Deja obrar a Cristo, en quien nada hallaste de tus obras; deja obrar a la Iglesia, una, santa, católica y apostólica, a la cual ganó el mismo Cristo con su sangre. Humíllate bajo la poderosa mano de Dios; estremécete y huye a la invocación del santo y terrible nombre de Jesús, a quien tiemblan los infiernos y están sujetas las Virtudes y las potestades y las Dominaciones de los cielos; a quienes los Querubines y Serafines alaban en incesante coro, diciendo: Santo, Santo, Santo, el Señor Dios de los ejércitos.

V. Señor, escucha mi oración.
R. Y mi clamor llegue a tus oídos.
V. El Señor sea con vosotros.
R. Y con tu espíritu.

ORACION

¡Oh, Dios del Cielo; oh, Dios de la Tierra; oh, Dios de los Angeles; oh, Dios de los Arcángeles; oh, Dios de los Patriarcas; oh, Dios de los Profetas; oh, Dios de los Apóstoles; oh, Dios de los Mártires; oh, Dios de las Vírgenes; oh, Dios que tenéis poder para dar vida después de la muerte, y descanso tras el trabajo; porque no hay ni puede haber ningún Dios fuera de Vos; Creador de todas las cosas visibles e invisibles, cuyo reinado no tendrá fin! Suplicamos humildemente a la Majestad de vuestra Gloria, que os dignéis librarnos poderosamente y conservarnos libres de todas potestades, lazos, decepciones y perfidicas de los infernales espíritus. Por Cristo nuestro Señor. Amén.

De las asechanzas del diablo: libradnos, Señor.

Que hagáis que vuestra Iglesia os sirva con segura libertad; os lo rogamos; oídnos.

Que os dignéis humillar a los enemigos de la Santa Iglesia os lo rogamos, oídnos.

Echese agua bendita por el lugar o habitación

Molt curiosa i devota, de San Pau

N. va al davant,
davant de darrera.
San Pau, San Pere,
San Lluc i Sant Marc,
per cada costat
Cans i llops, les dents serrades;
dels enemics les mans lligades,
tan guardat jo, N., en sia,
com ésser el Fill de Déu,
en las entranyes de la Verge Maria.
(Pare nostre).

Qui he fet el sol, fara el vent.
Al Paradís voldria entrá,
les ánimes a saludá.
Veig venir la Mare de Déu;
pel camí d'or sia.
Veig venir el seu preciós car Fill,
que davant li venia.
D'ahont venia el seu preciós car Fill,
d'ahont venia.
D'ahont vetllau,
que me'n deixondau.

Un somni hi he tingut;
un somni de viritat:
Que us havian pres
que us avian lligat;
que us avian pujat
Al arbre santíssims de l'avera Creu.
Aquest preciosíssims peus,
amb un clau en són clavatts.

Aquest preciosíssim costat,
de llances i ballestes ha estat ferit.
Aquesta preciosíssima boca,
de felt y vinagre ha estat plena.
Tota aquesta preciosíssima cara,
ha estat abofetejada.
Aquest Preciosíssim cap,
de setanta dues espines ha estat coronat.

Tot lo que em dieu, la meva Mare,
tot em passa amb veritat.

Jo me'm vaig per aquest camí,
amb l'apóstol Sant Martí.
Jo me'n vaig per aquesta via,
amb la humil Verge María.
A Betlem entrarem;
tres enemics hí trobarem.
Tres enemics, no em toqueu,
que sóc senyor de les cinc Creus
de les cinc Avemaries.
Si per cas no ef voleu créurer,
aquí está la Verge María,
qui us dirá la veritat. Aix sia.

Diu que el qui aquesta oració dirá,
o la fara dir, tres dies
i tres nits, no morirá
sens confessar i combregar:
les penes de l'infern, no les veurá
Déu ens dongui goig i alegría.
Un Parenostre y Avemaría.

OFERIMENT

Aquest Parenostre i Avemaria que hem dit, que siam oferts i presentats davant de Nostre Senyor i María Santíssima. I San Pau glorios, que ens vulgui guardar de lladres i traidors, de falsos testimonis, del poder del dimoni, i de viure i morir en pecat mortal. Amén. Jesús.

ORACIONES CURATIVAS

Las oraciones que siguen, adquiridas en distintas fuentes, son lo que con toda justicia pudiéramos llamar un tesoro de dones corporales.

Mil repetidas pruebas nos han dado el convencimiento absoluto de su eficacia; mil testimonios imparciales y severos están de acuerdo con nosotros en proclamar su virtualidad para cada caso.

Pero ni nuestras pruebas ni el testimonio ajeno podrían tener ningún valor, si las oraciones por sí mismas no se recomendasen con la mayor de las elocuencias, con la elocuencia del hecho. Acúdase a él, pues, como último e inapelable tribunal.

Nos conviene advertir, empero, que no basta la fórmula por sí, para que la virtualidad resplandezca. Ya nuestro divino Redentor dijo, por boca de San Haeo (VII, 7), que no debían darse las margaritas a los cerdos; cual claramente testifica que las cosas de Dios no pueden ser por todos operadas ni por todos comprendidas. Dijo más el Mesías: dijo, por boca del mismo evangelista, que no todos los que dicen "Señor, Señor", son aptos para entrar en el reino de los cielos (VII, 23); y que muchos de los postreros serán primeros y muchos de los primeros serán postreros (XIX, 30).

CONTRA EL MAL DE ORINA

Señor, por el especial privilegio otorgado al beato Liborio contra los males de cálculo, piedras, orina e ijada, haz que N., se vea libre del de ..... que padece. Glorioso San Liborio, intercede por nosotros. Amén.

Se signa la parte dolorida y se rezan tres Padrenuestros en honor de la Santísima Trinidad.

CONTRA EL DOLOR DE MUELAS, DIENTES, ETC.

Bendita Santa Apolonia, que por tu virginidad y martirio, mereciste del Señor, ser instituida abogada contra el dolor de muelas y dientes: Te suplicamos, fervorosos, intercedas con el Dios de las misericordias, para que esta criatura, N., sea sanada. Señor, accede benigno a la súplica que te dirigimos. Amén.

Un Padrenuestro a Santa Apolonia y tres a la Santísima Trinidad.

CONTRA LA ERISIPELA

En el nombre de Dios | Padre,
y del hijo de Dios |,
y de San Marcial |,
que ni por fuera | ni por dentro |
le hagas ningúl mal.

Hágase sobre la parte del paciente en que se haya aparecido la erisipela, las cruces que se señalan, y récense tres Padrenuestros a la Beatísima Trinidad.

OTRA, PARA LO MISMO

Jesús nació |. Jesús murió |. Jesús resucitó |. Como se curaron las llagas a Jesucristo, así pueda ser curada esta erisipela, en honra y gloria de la Santísima Trinidad.

Se rezan tres Padrenuestros.

CONTRA LAS ANGINAS

En Belén hay tres niñas:
Una cose; otra hila,
y otra cura las anginas.
Una hila; otra cose,
y otra cura el mal traidor.

Se repite tres veces, en otros tantos días seguidos, haciendo la señal de la cruz en cada una de ellas, y rezando tres Padrenuestros en honor de la Santísima Trinidad.

OTRA, CONTRA EL MISMO MAL

Nuestro Señor y San Martín iban por un camino, donde hallaron a San Pedro de bruces contra un canto rodado.

—¿Qué haces aquí— le dijo el Señor?

Y San Pedro constestó:

—Me estoy muriendo del mal de anginas, de garganta y de flemones.

A lo que el divino Maestro repuso:

—Ponte los cinco dedos de la mano derecha en el cuello y carrillos, en honra y gloria de la Santísma Trinidad, y con el santo nombre de Dios, el mal te será curado.

Se rezan tres Padrenuestros a la Trinidad Beatísima.

CONTRA CONTUSIONES, DISLOCACION DE HUESOS O RELAJAMIENTO DEL PECHO

Jesús nació. Jesús fue bautizado. Jesús sufrió pasión y muerte. Jesús resucitó y ascendió a los cielos. Jesús está sentado a la diestra de Dios Padre, y desde allí vendrá a juzgar a los vivos y a los muertos.

Por estas grandes verdades y por el valor y confianza que inspiran a los cristianos, que estas contusiones de N., (o dislocaciones, etc.), sean curadas, como lo fueron las heridas de sus divinas sienes y costados.

..Se rezan cinco Padrenuestros en memoria de las *cinco llagas de Jesús.*

CONTRA QUEMADURAS

El fuego no tiene frió. El agua no tiene sed. El aire no tiene calor. El pan no tiene hambre. San Lorenzo, curad estas quemaduras, por el poder que Dios os ha dado.

Se signa al paciente, y se reza un Padrenuestro a San Lorenzo.

CONTRA HERNIAS O QUEMADURAS

Jesús encarnó en las purísimas entrañas de la Virgen María; y nació y habitó entre nosotros; y para enseñarnos a tener fe verdadera, por su propia virtud y con su gracia curaba todas las enfermedades y dolencias a los que en El creían y le buscaban; y para librarnos de todo mal, sufrió pasión y muerte; y para abrirnos las puertas del Paraíso ascendió glorioso y triunfante a los cielos, después de haber hollado todas las furias infernales. Pues así como estas palabras son ciertas, así lo es también que tú, N., puedes ser curado de la hernia que padeces, por la virtud y en honor de las tres personas distintas en la Santísima Trinidad, a quien humildemente le pido la gracia de que te veas tan pronto curado, como Jesucristo de sus llagas. Amén.

CONTRA EL MAL DE PECHOS

(Pelos, cascaduras, grietas, etc.)

Jesús vivió -. Jesús murió -. Jesús resucitó -. Como estas palabras son verdad, haced la gracia de curar el pecho cascado (o agrietado, etc.) derecho (o izquierdo), de N., a la mayor brevedad.

Se repite tres veces y se rezan tres Padrenuestros en honor de la Santísima Trinidad.

CONTRA LAS NUBES EN LOS OJOS

Nube, nube,
de sangre y agua formada;
en honra y gloria
de la Santísima Trinidad |,
que sea prontamente curada.

Se rezan tres Padrenuestros en honra de la Trinidad Beatísima.

OTRA

Madre de San Simeón,
abogada contra las nubes |:
Clara es la luna;
claro es el sol;
clara sea la vista de N.,
por vuestra intercesión.

Se repite durante nueve días.

CONTRA LA NOSTALGIA

En tu concepción fuiste inmaculada, Virgen María.

Se repite, y se rezan tres Avemarías.

OTRA PARA LO MISMO

Jesús nació; Jesús murió. Jesús nació. Jesús murió. Jesús nació. Jesús murió. Así sea curada la nostalgia de N., como estas palabras son ciertas.

Signese al paciente, y récense tres Padrenuestros en honor a la Santísima Trinidad.

CONTRA LA PARALISIS

Adorabilísimo Jesús, inagotable fuente de clemencia: Así como te dignaste curar al paralítico que te salió al encuentro, diciéndole: "Levántate, toma tu cama y vete a tu casa"; así te suplico te dignes curar a N., que con todo fervor te lo implora. No desoigas su plegaria, y reverente te saludará con los ángeles del paraíso, diciendo: Santo, Santo, Santo es el Dios de los ejércitos, a quien veneran todas las naciones.

Tres Padrenuestros, Avemarías y Gloria patris.

CONTRA EL FLUJO

Adorable Cordero inmolado en el Gólgota, mi siempre amado Jesús; Extiende, sobre mí tu mano y sálvame del flujo que me apena, como salvaste a aquella piadosa mujer que hacía doce años lo padecía. Yo también, como ella, tengo en tu potestad soberana; yo también quiero tocar tu vestido, segura de que si lo logro, habré alcanzado la curación de mi mal.

Un Credo.

CONTRA LA APOPLEJIA

Dios y Señor nuestro, que, habiendo muerto de aploplejía el bienaventurado Andrés Avelino, estando ofreciendo en el altar el santo sacrificio de la Misa, te dignaste conferirle la gracia de recibirle en el eterno Santuario de tu gloria, y ser desde allí intercesor para contigo, de los que padecen de este mal: Reverentes te suplicamos que, por sus méritos y tu misericordia, sea sanado N., del ataque que le postra, y sirva todo ello para honra y gloria tuya. Así sea.

Se reza un Padrenuestro a San Avelino y tres a la Trinidad Sacrosanta.

CONTRA EL MAL DE OIDOS SORDERA, ETC.

Señor mío Jesucristo: Tú que te dignaste librar de sus dolencias al sordomudo de Decápolis, con sólo meter los dedos en su oído y decirle: "Se abierto"; concédeme la gracia de que, en tu nombre e imitando tus milagros, ya no tus virtudes, pueda | sanar a N., del mal de oídos (o lo que sea) que padece.

Récese el Credo, como testimonio de la fe en los méritos de Jesús crucificado.

A MARIA SANTISIMA

Para no caer en las tentaciones impuras

Bendita sea tu pureza,
y eternamente lo sea,
pues todo un Dios se recrea
en tan graciosa belleza.
A Ti, celestial Princesa,
Virgen sagrada María,
te ofrezco desde este día
alma, vida y corazón.
Mírame con compasión.
No me dejes, Madre mía.

(Hay concedidas muchas indulgencias).

Viva Jesús. Viva su divino amor. Viva su divina gracia. Viva María Santísima.

Muera el pecado mortal. Muera el demonio. Viva Jesús.

Alabado sea el Sagrado Corazón de Jesús.

Alabado sea el Purísimo Corazón de María por siempre. Amén.

EL MAGNIFICAT

Alcanza la protección de la Virgen

Glorifica mi alma al Señor.

Y mi espíritu está transportado de gozo en el Dios Salvador mío.

Porque ha puesto sus ojos en la bajeza de su esclava: por tanto, ya desde ahora me llamarán bienaventurada todas las generaciones.

Porque ha hecho en mí cosas grandes el Todopoderoso, cuyo nombre es santo.

Y cuya misecordia se extiende, de generación en generación, a todos los que le temen.

Dio muestras grandes del sublime poder de su brazo: desbarató los proyectos que allá en su corazón meditaron los soberbios.

Derribó del solio a los poderosos, y ensalzó a los humildes.

Colmó de bienes a los menesterosos hambrientos, y a los ricos los despidió sin nada.

Acogió a Israel, su siervo, acordándose de su misericordia.

Según lo prometió a nuestros Padres, a Abraham y a sus descendientes, por los siglos de los siglos.

EL LAUDATE

Es un cántico de alabanza al Señor

Alabad a Jehová desde los cielos; alabadle en las alturas.

Alabadle, vosotros todos, sus ángeles; alabadle, vosotros todos, sus ejércitos.

Alábenle los cielos de los cielos, y las aguas que están sobre los cielos.

Alaben estas cosas el nombre de Jehová; porque El mandó, y fueron creadas.

Y las hizo ser para siempre por los siglos. Púsoles ley que no será quebrantada.

Alaben a Jehová desde la tierra, los dragones y los abismos.

El fuego y el granizo, la nieve y el vapor; el viento de tempestad que ejecuta su palabra.

Los montes y todos los collados, el árbol de fruto y todos los cedros.

La bestia, y todo animal; reptiles y volántiles.

Los reyes de la tierra y todos los pueblos; los príncipes y todos los jueces de la tierra.

Los mancebos, y también las doncellas; los viejos y los niños.

Alaben el nombre de Jehová; porque sólo su nombre es elevado; su gloria es sobre la tierra y cielos.

El ensalzó el poder de su pueblo; alábenle todos los santos, los hijos de Israel, el pueblo a El cercano.

EL MISERERE

Alcanza perdón de los pecados

Ten piedad de mí, ¡oh, Dios! conforme a tu misericordia; conforme a la multitud de tus piedades, borra mis rebeliones.

Lávame más y más de mi maldad, y límpiame de mi pecado.

Porque yo reconozco mis rebeliones; y mi pecado está siempre delante de mí.

A Ti, a Ti sólo he ofendido, y he hecho lo malo delante de tus ojos; confiésolo, porque seas reconocido justo en tu palabra, y tenido por puro en tu juicio.

He aquí, en maldad he sido formado, y en pecado me concibio mi madre.

He aquí, Tú amas la verdad en lo íntimo, y en el secreto me has hecho comprender tu sabiduría.

Purifícame con hisopo, y seré limpio: lávame, y seré emblanquecido más que la nieve.

Hazme oír gozo y alegría; y se recrearán los huesos que has abatido.

Esconde tu rostro de mis pecados, y borra todas mis maldades.

Crea en mí, ¡oh, Dios!, un corazón limpio; y renueva un espíritu recto dentro de mí.

No me eches de delante de Ti; y no quites de mí tu santo Espíritu.

Vuélvame el gozo de su salud, y haz que el espíritu libre me sustente.

Enseñaré a los prevaricadores tus caminos; y los pecadores se convertirán a Ti.

Líbrame de homicidios, ¡oh, Dios, Dios de mi salud!, y cantará mi lengua tu justicia.

Señor, abre mis labios; y publicará mi boca tu alabanza.

Porque no quieres Tú el sacrificio que yo daría: no quieres holocausto.

El sacrificio más grato de Dios, es el espíritu quebrantado; al corazón contrito y humillado no despreciarás Tú, ¡oh, Dios!

Haz bien, con tu benevolencia, a Sión: y se reedificarán los muros de Jerusalén.

Y entonces en tus altares se pondrán becerros inmolados.

EL ANGELUS

Angelus Domini nuntiavit Mariae, et concepit Spiritu Sancto. *Ave María.*

Et Verbum caro factum est, et habitavi in nobis. *Ave María.*

INDICE

Trabajos Manuales Escolares, S.A. De C.V.
Oriente 142 No. 216
Col. Moctezuma 2 Secc.
15500 Mexico D.F. Apdo. Postal 9-054